Was meinem *Darm* guttut

STYRIA
BUCHVERLAGE

Wien – Graz – Klagenfurt

ISBN 978-3-7088-0719-5

Bücher des Kneipp Verlages gibt es
in jeder Buchhandlung und unter
www.kneippverlag.com

www.facebook.com/KneippVerlagWien

Fotos:
Peter Barci: 18, 83, 87, 101, 105
dreamstime: 23, 35 (unten)
fotolia: 8, 14 (rechts unten), 17, 19, 27, 73, 91, 94, 111
iStock: 6, 11, 13, 14, 20, 21, 22, 24, 25, 26, 28, 29, 30, 31, 32, 33, 35 (oben),
37, 38, 39, 49, 51, 53, 55, 56, 59, 65, 67, 85, 99, 117, 127
shutterstock: 119, 125
Ulli Zika: 46, 60, 62, 69, 70, 77, 78, 89, 103, 114, 128
Robert Saringer: U4 (Ulli Zika)

Cover: Emanuel Mauthe
Grafikdesign: Oskar Kubinecz, www.kubinecz.at
Lektorat: Kneipp Verlag

Druck und Bindung: Gorenjski tisk
Printed in the EU
7 6 5 4 3 2 1

Ulli Zika
Dr. med. Gerhard Wallner

Was meinem *Darm* guttut

60 Rezepte
für ein
besseres
Bauchgefühl

KNEIPP
VERLAG WIEN

Inhalt

Vorwort ... 7
Nahrung als Medizin ... 8
Hilfreiche Gewürze und Kräuter ... 20
Besonders wertvolle Gemüse-, Getreide- und Obstsorten ... 24
Hilfreiche Enzyme ... 34
Weitere Verdauungshilfen ... 36
Allgemeine Tipps rund ums Verdauen ... 40
Geistige und emotionale Faktoren ... 42
Das sagt der Darmexperte ... 43

Magen und Darm stärken

Haferflocken-Kastanien-Süppchen mit Kräutertrilogie ... 46
Rote-Rüben-Türmchen mit Krensauce ... 47
Melanzanicurry mit frischen Kräutern ... 48
Gedämpfte Curry-Hühner-Spießchen auf Karotten-Ingwer-Kraut ... 50
Safran-Hühnerkeulen mit frischen Feigen ... 51
Artischocken-Zitronen-Risotto ... 52
Karotten-Weißkraut-Reis mit Rinderfaschiertem ... 54
Kartoffelvariationen ... 56
Marinierte Hühnerbrust mit Schafskäse auf Gemüsebett ... 57
Hühnerbrust mit Papaya ... 59

Zur Pflege der Darmflora

Sauerkrautsuppe mit Karpfenfilet ... 62
Rote Zwiebelsuppe mit Sherry ... 63
Tompinabur-Spargel-Suppe ... 64
Pikantes Ingwer-Sauerkraut mit Karotten und Szechuanpfeffer ... 66
Chicorée-Chinakohl-Salat mit Walnüssen und Jungzwiebeln ... 68
Zucchini-Melanzani-Cocktail mit Pinienkernen und Oregano ... 69
Gedämpfter Topinambur-Salat mit Estragon-Senf-Dressing und Jungzwiebeln ... 70

Darm reinigend und Krebs vorbeugend

Rote Linsensuppe mit Kurkuma und Ingwer ... 72
Kudzu-Gemüsesuppe ... 74
Chinakohl-Salat mit gerösteten Hanfsamen ... 75
Gedämpfte Hirseknödelchen mit Curry-Kohl ... 76
Kurkuma-Hühnersuppe mit Karotten und Chinakohl ... 78

Inhalt

Ballaststoffreiches bei träger Verdauung

Dinkel-Bulgur-Salat mit Thunfisch, Zitrone und Salzkapern 80
Vollkorn-Reisfleisch mit Huhn und Kümmel 81
Gewürz-Chapatis 82
Gedämpfte Pastinaken mit Petersilie 84
Gebackene Hirselaibchen mit Schnittlauchdip 86
Vollwert-Zucchini-Risotto mit weißem Strauchbasilikum 88
Dinkel-Spinat-Gröstl mit Schafskäse 89
Dinkel-Krautfleckerln mit Kräuter-Joghurt-Sauce 90
Oliven-Dinkel-Lasagne mit Schafskäse 92

Bei schwacher Verdauung

Reis-Congee-Variationen 94
Rettichsalat mit Umeboshi-Würze 97
Sommerliche Miso-Minestrone 98
Kartoffel-Karotten-Suppe 100
Papaya-Kürbis-Cremesüppchen mit Galgant 102
Suppiger Karotten-Tofu-Gewürztopf 103
Gebackener Hokkaido-Kürbis mit Koriander, Schafskäse und Thymian 104
Lauwarmer Dillsenf-Kürbis mit gedämpfter Lachsforelle 106
Warmer Fenchelsalat mit Seeforelle, Zitrone und Oliven 107
Bio-Lachsfilet auf sautiertem Chinakohlgemüse 108

Bei Verstopfung und Darmträgheit

Spinatcremesuppe 110
Sauerkraut-Variationen 112
Spinatsalat mit Sesam 114

Bei Durchfall

Haferschleimsuppe 116
Apfel-Rohkost 118
Karottenmus mit Kümmel 120

Darmfreundliche Desserts

Haferflockenmüsli mit Dörrpflaumen und Nüssen 122
Omas Apfelmus 123
Wärmender Hafer-Apfel-Brei mit Gojibeeren und Mandeln 124
Vanille-Süßreis mit Rosinen und Äpfeln 126
Weintrauben-Kompott 128

Du bist, was du isst ...

Dass ein gesunder Darm mit einer entsprechenden Ernährung in Zusammenhang steht, sagt uns eigentlich schon unser Hausverstand. Dennoch gönnen wir uns oft zu wenig von dem, was uns guttut, und schlucken zu viel von jenen Dingen, die uns schaden. Dieses Buch will Lust und Appetit darauf machen, die eigene Darmgesundheit genussvoll selbst in die Hand zu nehmen!

In unseren schmackhaften und einfach nachzukochenden Rezeptkreationen haben wir jene Lebensmittel in den Vordergrund gestellt, die unsere Verdauung gezielt stärken können. Eine Reihe von Hintergrundinformationen über die Wirkweise darmfreundlicher Nahrungsmittel, Gewürze und Kräuter soll Ihnen zudem ein Grundwissen mitgeben, mit dem Sie auch selbst Ihre Küche mit wohlschmeckenden und wirksamen Zutaten erweitern können.

Ganzheitliche Gesundheitssysteme wie die Ernährungslehre der Traditionellen Chinesischen Medizin, das indische Ayurveda oder die Lehren der Heiligen Hildegard von Bingen „kommen ebenso zu Wort“ wie moderne Erkenntnisse der westlichen Wissenschaften.

Sie erfahren, welche Essenszeiten und Zubereitungsmethoden unserem Darm besonders schmecken, warum weniger mehr ist, was es mit der Wichtigkeit des Kauens auf sich hat und in welchem Zusammenhang Ihre Darmgesundheit mit geistigen und emotionalen Faktoren stehen kann.

Schließlich wünschen wir Ihnen viel Spaß und gutes Gelingen beim Zubereiten von Gerichten, die Magen und Darm stärken, Ihre Darmflora pflegen, Krebs vorbeugen, eine lahme Verdauung wieder in Schwung bringen – und bei all dem Ihre Geschmacksknospen erfreuen werden.

Also: Viel Freude beim Kochen und Genießen!

Ihre

Ulli Zika

Alle Rezepte sind für 4 Personen.

Nahrung als Medizin

Verdauungskraft aus ganzheitlicher Sicht

Viele traditionelle und ganzheitliche Gesundheitssysteme wie die Traditionelle Chinesische Medizin, der indische Ayurveda oder die Lehren der Äbtissin Hildegard von Bingen erkannten schon vor Jahrhunderten die zentrale Rolle unseres Verdauungssystems für die Gesamtgesundheit unseres Körpers.

Was den ganzheitlichen Gesundheitssystemen u. a. gemein ist, ist die individuelle Betrachtungsweise. Vielleicht ist es Ihnen schon aufgefallen: Es gibt eine Vielzahl von sehr unterschiedlichen Ernährungsempfehlungen, Einteilungen von Lebensmitteln und Listen von Stoffen, die unser Körper angeblich benötigt. Der eine schwört auf eine Richtung, die wiederum bei einem anderen gar nicht funktioniert hat, und umgekehrt. Ganzheitliche Systeme beziehen die Unterschiedlichkeit gewöhnlich mit ein. Konstitution, Alter, Geschlecht, berufliche Realitäten, Jahreszeit, geografische Lage, seelische und geistige Komponenten – all dies sind wesentliche Informationen, die für das Herausfinden der individuell „richtigen" Ernährung eine wichtige Rolle spielen. Das macht die Sache zwar nicht einfacher, dafür ist es mit diesen Methoden meist zielführender, vor allem chronische Beschwerden langfristig in den Griff zu bekommen.

Unsere Verdauung aus Sicht der TCM

Aus Sicht der Traditionellen Chinesischen Medizin (in Folge kurz TCM genannt) steht die Zerlegung und Aufnahme von Nahrung derart im Mittelpunkt, dass die wichtigsten dazugehörigen Organe bzw. Funktionskreise – in der TCM Milz und Magen – auch als „Mitte" bezeichnet werden. Der gesamte Assimilationsprozess von Nahrung hat hier seinen Ursprung. In der TCM wird von Funktionskreisen und nicht von einzelnen Organen gesprochen. Der ganzheitliche Zusammenhang von Organsystemen steht im Vordergrund, weniger die analytische und lineare Zerlegung in einzelne Organe, wie das in unseren westlichen, schulwissenschaftlichen Systemen der Fall ist. Natürlich gehören auch Dickdarm und Dünndarm zum Thema Nahrungsaufnahme bzw. Ausscheidung, sie haben aber, was die Umwandlung und Resorption von Nahrung betrifft, einen anderen Stellenwert als Milz und Magen.
Die Ernährungsgewohnheiten einer Patientin oder eines Patienten genauer unter die Lupe zu nehmen, gehört in der TCM zum medizinischen System ebenso dazu, wie ihren/seinen Puls zu fühlen oder die Zunge zu betrachten.

Nahrung aufnehmen

Damit wir aus den zugeführten Lebensmitteln und Speisen auch tatsächlich die nötige Energie gewinnen und integrieren können, ist eine starke und gesunde „Mitte" erforderlich. Qi – also Lebensenergie – und Blut können dann aus der Nahrung gewonnen werden und Körper und Geist ausreichend versorgen.

Feuchtigkeit umwandeln

Zusätzlich zur Energiegewinnung stellt die Umwandlung von Feuchtigkeit in der TCM eine wichtige Basis für einen funktionierenden Stoffwechsel dar. Kann die durch Nahrung oder äußere Einflüsse entstandene Feuchtigkeit von einer kräftigen „Mitte" nicht ausreichend transformiert werden, entstehen Schlacken – in der Chinesischen Medizin auch „Schleim" genannt – und blockieren den natürlichen Energiefluss. Dies kann zu massiven Störungen des Wohlbefindens und in weiterer Folge zu Krankheiten führen. Übergewicht, Cellulite und Verdauungsstörungen sind häufig erste Anzeichen für eine schwache Mitte.

Warme und wärmende Nahrung

Die chinesische Diätetik empfiehlt in den meisten Fällen, dem Körper größtenteils warme bzw. gekochte Nahrung zuzuführen. Den einzelnen Lebensmitteln werden zudem kühlende und wärmende Eigenschaften zugeordnet. Ein Übermaß an kalten und ungekochten Mahlzeiten sowie Lebensmitteln mit kaltem Temperaturverhalten (z. B. Joghurt, Mineralwasser, Salate, überwiegend Rohkost, rohes Obst, Fruchtsäfte, eisgekühlte Getränke etc.) schwächen laut dieser ganzheitlichen Betrachtung unsere Verdauung und den Stoffwechsel und kühlen den Körper insgesamt ab. Verdauungsprobleme, Blähungen und Wassereinlagerungen sind nicht selten eine Folge davon.

Das Verdauungsfeuer aus Sicht des Ayurveda

Auch im ältesten ganzheitlichen medizinischen System – dem aus Indien stammenden Ayurveda – wird der Verdauung eine zentrale Bedeutung für unsere Gesundheit zugesprochen. Unser „Agni", das sogenannte Lebensfeuer, das mit unserer

Verdauung in einem engen Zusammenhang steht, muss stets gepflegt werden, damit seine Kräfte wichtigen körperlichen Funktionen zur Verfügung stehen.

Nahrungsmittel werden laut Ayurveda mit Hilfe dieses Lebensfeuers verdaut und abgebaut. Leben und Tod hängen in letzter Konsequenz somit von einem funktionierenden „Agni" ab. Nur durch die umwandelnde Kraft dieses Feuers können Lebensmittel überhaupt unseren Körper nähren.

Ähnlich wie die TCM hat auch die ayurvedische Heilkunst einen ganzheitlichen Zugang und bezieht wesentlich mehr Organe und Energien in unseren Verdauungsprozess mit ein als nur unseren Darm. Die verschiedenen energetischen Ungleichgewichte können einen starken Einfluss auf unsere Verdauung nehmen. Störungen in der Verdauung führen laut Ayurveda zudem zu „Mala" oder „Ama", was als Rückstände, Schlacken bzw. Giftstoffe verstanden werden kann. „Ama" bedeutet unreif und bringt zum Ausdruck, dass das Essen nicht ausreichend umgewandelt – also „gereift" – wurde. Störungen im Stoffwechsel sind die Folge. Diese können im Körper dann neben klassischen Verdauungsproblemen wie Blähungen oder Verstopfung auch Gastroenteritis, chronische Gastritis oder Colitis zur Folge haben (allesamt entzündliche Krankheiten des Magen-Darm-Traktes). Auch Formen der Arthritis, Gicht, Fettleibigkeit, Diabetes oder krankhafte Störungen der Schilddrüse sind meist auf Störungen des Verdauungsfeuers zurückzuführen. Linderung verschaffen entgiftende und das Verdauungsfeuer aufbauende Diäten ebenso wie mentales Training.

Denn als ganzheitliches System legt die ayurvedische Heilkunst auch auf seelische und geistige Aspekte besonderen Wert – sowohl bei der Entstehung als auch bei der Therapie von Ungleichgewichten und Krankheiten. Diesen Zugang sollten wir uns im Westen noch viel mehr zu eigen machen. Die Kraft von geistigen Prozessen wird in unseren Breiten – häufig aus einer Mischung aus Unwissenheit und Überheblichkeit – als untergeordnet bis nicht existent abgetan. Östlich und spirituell motivierte ganzheitliche Gesundheitssysteme haben die innewohnende Kraft von geistigen Disziplinen seit vielen tausend Jahren erkannt und genutzt. Gerade das Thema „Stress" führt die Menschen in unseren Breiten langsam wieder zu meditativen Formen der Geistesschulung. Dass diese vor allem auch für die Stärkung unseres Verdauungsfeuers gute Dienste leisten können, verwundert jene nicht, die eine ganzheitliche Betrachtung unseres Seins zulassen.

Erkenntnisse aus der Naturheilkunde: Hildegard von Bingen

Bereits die erste naturheilkundliche Ärztin, Gelehrte, Komponistin und Äbtissin Hildegard von Bingen befasste sich im Deutschland des 12. Jahrhunderts umfassend und ganzheitlich mit der Bedeutung unserer Verdauung und diverser krankmachender Faktoren. Auch sie beschreibt eine Vielzahl an seelischen Hintergründen und emotionalen Problemen, die unsere Gesundheit – und im Speziellen unsere Verdauung – lahmlegen können. Lügen, Betrug, Gier und Mangel an liebevollen Beziehungen und Lebensfreude können laut dem deutschen Diplomchemiker, Heilpraktiker und Hildegard-Forscher Wighard Strehlow unsere Abwehrkräfte enorm negativ beeinträchtigen und den Ausbruch von Krankheiten begünstigen. Zorn, Wut und Ungeduld im Speziellen sind laut Hildegard besonders für Störungen im Magen-Darm-Bereich verantwortlich. Wenn wir also unser emotionales Geschehen unter die Lupe nehmen und im Sinne unserer Persönlichkeitsentwicklung an diesen Themen arbeiten, können wir damit mitunter auch chronischen und langwierigen Magen- und Darmproblemen erfolgreich auf den Leib rücken.

Eine Kombination aus Ernährungsfehlern und psychosozialen Faktoren führt also häufig zu einer Reihe von Magen- und Darmerkrankungen unserer modernen Zeit. Einige der wichtigsten von Hildegard genannten Ernährungsfehler decken sich übrigens mit vielen Ansätzen von TCM und Ayurveda. So machte Hildegard von Bingen die zu großen Essensmengen ebenso verantwortlich für den Ausbruch von Krankheiten wie den Verzehr unzureichend gegarter bzw. roher Nahrung, z. B. in Form von Rohkost oder Frischkornbreien.

Einige magen- und darmstärkende Lebensmittel und Kräuter, auf die wir zum Teil später noch im Detail eingehen werden, hat Hildegard von Bingen vermehrt in ihren Diäten und Ernährungstherapien empfohlen. Dazu gehören u. a. Dinkel, Fenchel, Wermut, Maroni, Ingwer, Kopfsalat, Brunnenkresse, Minze, Flohsamen, Mutterkümmel, Dille, Bertram, Galgant und Süßholz.

Der gesunde süße Geschmack

Jener Geschmack, der einer gesunden Mitte zugeordnet wird und die zentralen Systeme der Nahrungsaufnahme stärkt, ist der süße Geschmack. Dies bedeutet aber keineswegs, dass wir uns von Zucker und Schokolade ernähren sollten.

Vielmehr wird darunter die natürliche Süße verstanden, die in Nahrungsmitteln wie Karotten, Pastinaken, Hirse, Kürbis, Rindfleisch, Kalbfleisch, Roten Rüben (Roten Beten), Trockenfrüchten, Fenchel, Mais, Ei, Butter, Milch, Äpfeln, Birnen, Vanille, Süßreis, Honig, Nüssen, Maroni, Malz u. a. enthalten ist.

Heißhunger auf Zucker und Süßes

Ein dauernder Heißhunger auf Zucker und Schokolade kann eine schwache Mitte und daher den Wunsch des Körpers nach Süße anzeigen. Wesentlich ist in dieser Situation, die „richtige" Süße im richtigen Ausmaß zu essen. Weißer Industriezucker schwächt den Organismus und im Speziellen unsere Verdauungskraft ganz enorm. Wenn wir diesen Heißhunger nicht mit Zucker und Schokolade, sondern mit regelmäßiger, gekochter und ausgewogener Ernährung sowie ausreichend gesundem süßem Geschmack begegnen, wird sich das Bedürfnis nach Zucker bald von selbst reduzieren.

Eine regelmäßige Aufnahme von hochwertigem, warmem und gekochtem Essen stärkt also unsere Verdauungskraft.

Schädigendes Essverhalten

Als schädigend für unsere Verdauungskraft können unregelmäßiges und kaltes Essen, häufige Diäten, verschleimende Nahrungsmittel und energetisch minderwertige Nahrung wie Tiefkühlgut, Mikrowellenkost, Konserven und anderweitig industriell hergestellte Lebensmittel angesehen werden. Auch eine Ernährung, die dem natürlichen Lauf der Jahreszeiten widerspricht, schadet aus dieser Sicht häufig unserem Organismus – und unserer Verdauung. Im Winter bei Minusgraden tropische Früchte zu konsumieren, kühlt den Körper und das Verdauungsfeuer ab und lässt unser System Schwerstarbeit ausführen, um hier Energie für unsere täglichen Anforderungen zu erhalten. Durchfall, Verdauungsträgheit, Blähungen und unverdaute Nahrungsreste im Stuhl sind häufig Anzeichen dafür, dass unsere Nahrung zu kalt oder zu kühlend ist und unsere Verdauung nicht imstande, das Zugeführte entsprechend zu verwerten.

Dünndarm und Dickdarm aus TCM-Sicht

Der Dünndarm ist dafür verantwortlich, den vorverdauten Nahrungsbrei aus dem Magen zu empfangen. Er steht in der TCM sehr eng mit der Funktion unseres Herzens in Verbindung. Auch hier erkennen wir schnell, wie zentral abermals ein Organ der Verdauung in unser Gesamtsystem eingebettet ist. Seine Funktion besteht darin, „das Klare vom Trüben" zu trennen, eine Aufgabe, die sowohl wörtlich als auch im übertragenen Sinn Gültigkeit hat. Wie Herz und Dünndarm in Zusammenhang stehen, bemerken wir, wenn wir aufgeregt sind und sich diese Nervosität auf unsere Verdauung auswirkt. Durchfall vor Prüfungen oder wichtigen Terminen ist fast jedem bekannt und bringt deutlich zum Ausdruck, dass unsere Verdauung auch massiv von unserem emotionalen Geschehen beeinflusst wird.

Der Dickdarm empfängt laut TCM schließlich die festen und flüssigen Bestandteile des „Trüben" und scheidet sie aus. Er gilt als die letzte Instanz der Reinigung und als „großer Ausscheider". Er sorgt dafür, dass Giftstoffe und andere unserer Gesundheit unzuträgliche Substanzen unseren Körper wieder verlassen. Eine enge Verbindung sieht die Chinesische Medizin hier zur Lunge und zu unserer Haut. So wird auch verständlich, dass sich Störungen im Verdauungsbereich häufig über Hautprobleme zeigen können.

Darmgerechte Ernährung mit Probiotika und Präbiotika

Um die Darmflora nicht zu stören und den Aufbau von Schlacken und Giftstoffen im Darm möglichst zu verhindern, können wir mit einer entsprechenden Ernährung und mit unterstützenden Kuren erfolgreich und genussvoll vorbeugen.

Als Probiotika werden Produkte bezeichnet, die in großer Anzahl jene Bakterien enthalten, die das mikrobiologische Gleichgewicht in unserem Darm positiv beeinflussen. In Form von speziellen Kuren kann also die Ansiedelung der nützlichen Darmbakterien positiv unterstützt werden.

Als natürliche Probiotika gelten zudem z. B. Kefir, Joghurt, Buttermilch oder Sauerkraut, die selbst natürliche Milchsäurebakterien enthalten. Sie sorgen dafür, dass unsere Darmbakterien Verstärkung bekommen und uns beim Verdauen gute Dienste leisten. Allerdings ist zu hinterfragen, ob unsere modernen Lebensmittel aus dem Supermarkt, die homogenisiert, pasteurisiert, ultrahocherhitzt etc. werden, noch viel von den ursprünglich wirksamen Bakterien in sich tragen bzw. ob die Anzahl der enthaltenen Bakterien ausreicht, um dem geschwächten Darm auf die Sprünge zu helfen.

Vor einem Zuviel an Joghurt und Buttermilch warnt auch häufig die TCM – diese Milchprodukte weisen eine thermisch kühlende bis kalte Wirkung auf, und wenn wir zu viel davon konsumieren, kann unser Verdauungsfeuer damit ebenfalls stark geschwächt werden. Einmal mehr gilt auch hier: Die Dosis macht das Gift.

Unsere Darmbakterien haben aber auch „Lieblingsspeisen" (sogenannte Präbiotika) – das sind Nahrungsmittel, die die Ansiedlung und Vermehrung einer gesunden Darmflora generell begünstigen. Chicorée, Schwarzwurzeln, Kohl, Zwiebeln und Topinambur sind beispielsweise Lebensmittel, auf die sich diese Helferleins gerne stürzen und deren Konsum sie zum Vermehren und Bleiben anregt.

Gerade wenn bereits Störungen im Magen-Darm-Bereich bestehen, ist es umso wichtiger, mit der richtigen Ernährung einer negativen Entwicklung entgegenzuwirken. Häufig können dadurch bereits enorme Verbesserungen erzielt werden, die den Einsatz von teuren und nebenwirkungsreichen Medikamenten überflüssig machen.

Lass Nahrung deine Medizin und Medizin deine Nahrung sein

Hippokrates von Kos hat bereits rund 400 v. Chr. über die Heilkraft und Wirkung verschiedenster Lebensmittel Bescheid gewusst und dieses Wissen mit dem Satz „Lass Nahrung deine Medizin und Medizin deine Nahrung sein" auf den Punkt gebracht. Wir essen (hoffentlich) regelmäßig, oft dreimal täglich, und haben dabei jedes Mal die Möglichkeit, unserem Körper das zu geben, was er benötigt. Auch bereits bestehende Ungleichgewichte oder beginnende Krankheiten können mit der entsprechenden Kost einen Richtungswechsel erfahren.

Gerade der sensible Verdauungstrakt, unser Darm und die dazugehörigen Systeme, kann über das, was wir uns zuführen, direkt und wirkungsvoll beeinflusst werden.

Die eigene Darmgesundheit selbst in die Hand zu nehmen, kann ein lust- und genussvoller Weg sein, wenn wir bei der Auswahl unserer Lebensmittel auch unseren Verstand einschalten. Mit hochwertigen LEBENSmitteln und ihrer schonenden Zubereitung, fernab von industrieller Verarbeitung, können wir täglich dazu beitragen, dass unsere Darmgesundheit erhalten bleibt oder wieder ins Lot kommt!

Wirkung von Lebensmitteln

Aus ganzheitlicher Sicht können Lebensmittel kühlen und wärmen, trocknen oder befeuchten, zusammenziehen, bewegen oder ausleiten. Sie können gezielt auf einzelne Organe wirken. Ihre Inhaltsstoffe können Mangelerscheinungen vorbeugen, ihre Zusammensetzung spezifische Wirkung auf Verdauung und Stoffwechsel ausüben. Auf den folgenden Seiten werden Sie einige dieser Eigenschaften näher kennen lernen, damit Sie in Zukunft selbst besser steuern können, wie das Gegessene auf Sie wirken soll.

Bei bereits vorhandenen Störungen und Beeinträchtigungen ist zudem der Besuch bei einem/r Ernährungsberater/in oder – auch in Ernährungssachen kompetenten (!) – Arzt bzw. Ärztin empfehlenswert. Die hier angegebenen Beschreibungen und Rezepte beziehen sich im Allgemeinen auf magen- und darmfreundliche bzw. -wirksame Lebensmittel. Im Einzelfall können je nach Alter, Konstitution, Vorerkrankungen oder Ungleichgewichten individuelle Empfehlungen für Sie zusammengestellt werden, die Ihrer persönlichen Situation noch wesentlich besser gerecht werden.

Die positive Kraft der Ballaststoffe

Wer seine Verdauung im Griff haben möchte, kommt um eine ballaststoffreiche Nahrung nicht herum. Ballaststoffe sind weitgehend unverdauliche Kohlenhydrate, die u. a. die Eigenschaft besitzen, im Darm stark aufzuquellen. Sie saugen wie ein Schwamm im Darm befindliches Wasser auf und erhöhen so das Volumen des Darminhaltes. Auf diese Weise wird die Darmtätigkeit angeregt. Ballaststoffe wirken gleichsam als innerliche „Bürste“, die auf sanfte Art Giftstoffe aus dem Darm hinausbefördert und beim Abtransport von Toxinen hilft. Durch die Vergrößerung des Darminhalts beim Aufquellen der Ballaststoffe wird zudem Druck auf die Darmwände aufgebaut – dieser wirkt gleichzeitig wie eine innerliche Massage, verbessert die Durchblutung und unterstützt damit den gesamten Stoffwechsel.

Vor allem Obst, Gemüse, Getreide und Hülsenfrüchte weisen reichlich Ballaststoffe auf. Vollwertiges Getreide ist wesentlich ballaststoffreicher als Auszugsmehl und raffinierte Getreideprodukte wie weiße Nudeln oder Weißbrot.

Eine ballaststoffreiche Nahrung kann nachgewiesenermaßen vielen ernährungsbedingten Stoffwechselerkrankungen entgegenwirken und Störungen wie Übergewicht, Darmträgheit, Verstopfung, Diabetes und Herz-Kreislauf-Erkrankungen verhindern.

Zudem sorgen Ballaststoffe dafür, dass unser Hungergefühl gestillt wird. Ballaststoffreiche Kost ist ein Garant dafür, dass wir nicht mehr essen, als wir an Energie benötigen. Somit schützen wir uns auch vor der Aufnahme überflüssiger Kalorien und in Folge vor Gewichtszunahme.

ACHTUNG! Gehen Sie es langsam an! Bei einer Ernährungsumstellung auf eine ballaststoffreiche Kost ist jedoch unbedingt darauf zu achten, den Körper nicht zu überfordern. Ein langsamer Übergang sorgt dafür, dass die ballaststoffreiche Kost auch vertragen wird und sich Nebenwirkungen der Umstellung wie z. B. unangenehme Blähungen in Grenzen halten.

Ausreichend Flüssigkeit aufnehmen

Damit Ballaststoffe ihre Aufgabe als Quellmaterial erfüllen können, ist eine ausreichende Flüssigkeitszufuhr von großer Bedeutung. Gerade Darmträgheit steht häufig in Zusammenhang mit einer zu geringen Trinkmenge. Achten Sie also darauf, bei einer ballaststoffreichen Kost auch ausreichend zu trinken.

Je nach Körpergewicht, Jahreszeit, Konstitution und beruflicher Tätigkeit werden zwei bis drei Liter Flüssigkeit pro Tag empfohlen, um dem Stoffwechsel die nötige Menge an Wasser zur Verfügung zu stellen. In Zeiten großer Belastung sowie Entgiftungs- und Entschlackungsphasen kann der Bedarf erhöht sein. Geeignete Getränke sind vor allem Wasser, Kräutertees und Kompottsäfte. Konzentrierte und zuckerhaltige Fruchtsäfte, Kaffee, Schwarztee, Cola und andere zuckerhaltige Limonaden sowie alkoholische Getränke zählen nicht zu den geeigneten Flüssigkeitsspendern.

Wer in seinem Speiseplan regelmäßig für eine saftige und flüssigkeitsreiche Ernährung sorgt, der hat bereits einen kleinen Vorsprung. Suppen, Eintöpfe, Ragouts, Kompotte, Muse, Obst und Gemüse sowie gedämpfte, gekochte und blanchierte Gerichte sind wasserreicher und zudem bekömmlicher als Gebratenes, Gegrilltes oder Frittiertes.

Sanfte Kochmethoden bevorzugen

Gerade bei einem in Mitleidenschaft gezogenen Magen oder Darm sind Hitzesymptome wie Entzündungen, Hauttrockenheit oder Verstopfung häufig ein Problem. Solchen Beschwerden kann man mit geeigneten Kochmethoden begegnen, die die Symptome und Beeinträchtigungen nicht weiter erhöhen, sondern eher mildern. Gar- und Kochmethoden, die ihrerseits viel Hitze benötigen, wie Rösten, scharfes Anbraten, Grillen, Braten, heißes Räuchern, Frittieren und Ähnliches, gießen im bereits in Mitleidenschaft gezogenen Magen oder Darm quasi erneut Öl ins Feuer. Hingegen helfen Methoden wie Blanchieren, Dämpfen, Sautieren, Kochen oder Dünsten dabei, einen angegriffenen Magen oder Darm zu beruhigen, und erleichtern häufig die Aufnahme der notwendigen Nährstoffe.

Bei diesem Thema treffen sich übrigens ganzheitliche, jahrtausendealte Systeme wie TCM oder Ayurveda mit modernen Erkenntnissen. So warnt auch eine Reihe von westlichen Studien vor den gesundheitlichen Risiken, die Zubereitungsmethoden wie Grillen, scharfes Anbraten oder Rösten mit sich bringen können. Nitrosamine – stark krebserregende Substanzen – können durch Braten, Räuchern oder Grillen beispielsweise ebenso entstehen wie Benzpyren, ein kanzerogener Stoff, der auch im Zigarettenrauch enthalten ist. Auch das Anfang dieses Jahrtausends viel diskutierte Acrylamid bildet sich bei der Herstellung von Backwaren und anderen stärkehaltigen Lebensmitteln ab Garungstemperaturen von mehr als 175 °C.

Besonders schonend ist hingegen die Methode des Dämpfens. Nicht nur bleiben auf diese Art hitzesensible Vitamine und Spurenelemente erhalten – das Essen benötigt auch weniger Salz, Farben und Geschmäcker kommen wesentlich intensiver zur Geltung, und die Zubereitung erlaubt ein schmackhaftes Kochen mit wenig Fett.

Informationen über die Vorteile des Dämpfens und eine umfassende Rezeptsammlung dazu finden Sie auch in den Kochbüchern „Das Dampfgarkochbuch – 70 schlanke Genussrezepte für die ganze Familie“ sowie „Dampfgaren Low Carb“, beide erschienen im Kneipp Verlag.

Allen, denen an ihrer Magen- und Darmgesundheit gelegen ist, sei an dieser Stelle empfohlen, sich auch mit den Vorteilen des Dämpfens auseinanderzusetzen.

Hilfreiche Gewürze und Kräuter

Wenn wir Mutter Natur zurate ziehen, dürfen wir uns über einen reichen Fundus an Wurzeln, Kräutern, Samen und Gewürzen erfreuen, die eine positive Wirkung auf die Verdauung und Resorption unserer Nahrung ausüben können. Zudem beeinflussen sie uns durch ihre intensiven Aromen und betörenden Gerüche auch auf emotionaler Ebene und bereichern außerdem den kulinarischen Wert unserer täglichen Nahrung.

Ich empfehle Ihnen daher, viel mit Gewürzen und Kräutern zu experimentieren. Entdecken Sie den vielfältigen Einsatz von heilkräftigen Gewürzen und Kräutern, und tasten Sie sich auch an ungewöhnliche Geschmäcker und Aromen heran. Entdecken Sie – wie ich – dabei eine Quelle lustvoller und kreativer Möglichkeiten, Ihren täglichen Speiseplan abwechslungsreich, aromatisch und bekömmlich zu gestalten. Im Folgenden finden Sie ein paar Beispiele für besonders wohltuende Gewürze und Kräuter.

Anis

Anis gehört zu den Doldenblütlern und wird (wie Fenchel) seit Jahrhunderten wegen seiner aromatischen und heilenden Eigenschaften in vielen Ländern der Erde hochgeschätzt. Verschiedene Harze sowie Anethol stellen die wesentlichen Wirkstoffe im Anis dar. Er wirkt u. a. appetitanregend, verdauungsfördernd und karminativ (blähungstreibend). Auf den Verdauungstrakt übt er zudem eine antiseptische Wirkung aus. Anis wirkt krampflösend bei Magenschmerzen und kann bei Nervosität und Schlafschwierigkeiten Abhilfe schaffen. Die Volksheilkunde ordnet ihm zudem eine milchtreibende Wirkung und hilfreiche Eigenschaften bei Menstruationsproblemen zu.

Als Brotgewürz sorgt Anis für eine aromatische Süße und lindert die blähende Eigenschaft von frisch gebackenem Brot. In der Likörherstellung hat er seit jeher einen fixen Platz. Anishaltige Getränke wie Ouzo, Pernod, Pastis oder Absinth sind aus diesem Grund auch als verdauungsfördernde Aperitifs oder Digestifs allerorts beliebt.

Asa foetida

Asa foetida wird in unseren Breiten auch Asant oder Teufelsdreck genannt. Das getrocknete Gummiharz wird seit Jahrhunderten in Europa, im Nahen Osten sowie in Persien und Indien als Arzneimittel verwendet. Asant beruhigt den Magen, hilft bei Blähungen und wird bei Behandlungen von krampfartigen Leber- und Gallenleiden eingesetzt. Zudem soll es nervenberuhigende und aphrodisierende Eigenschaften haben. Es ist im Handel als Pulver erhältlich und darf vor allem in der indischen Küche nicht fehlen.

Dille

Dille ist in unseren Breiten heimisch und wird seit eh und je als blähungsmilderndes und verdauungsförderndes Kraut zum Einsatz gebracht. Tannine, Harze und ätherische Öle verleihen der aromatischen Pflanze, die auch Gurkenkraut oder Blähkraut genannt wurde, ihre wohlschmeckende und heilkräftige Wirkung. Gute Erfolge erzielen Kräutertherapeuten durch die krampflösende Wirkung der Dille bei Magenbeschwerden, Brechreiz und Schluckauf. In der Küche harmoniert das Kraut, das botanisch mit Kümmel, Fenchel und Anis verwandt ist, gut mit Fisch und Gemüsesorten wie Gurken und (grünen) Bohnen.

Fenchel

Die in unseren Breiten wohl mit Abstand bekannteste verdauungsfördernde Pflanze ist der Fenchel. Sie gehört zu den Doldenblütlern und wird als Gemüse-, Gewürz- und Heilpflanze weltweit gerne zum Einsatz gebracht.

Jeder blähende Babybauch wird mit Fencheltee behandelt. Schon Hildegard von Bingen lobte den Fenchel als Lebensmittel, das Menschen fröhlich macht, wärmt und für eine gute Verdauung sorgt. Er wirkt blähungstreibend, krampflösend, verdauungsfördernd, harntreibend und leicht antiseptisch. Im Ayurveda und in der TCM wird er als thermisch warm eingestuft und häufig bei Kältesymptomen zum Einsatz gebracht. Bauchschmerzen, Spannungsgefühle im Unterbauch, Aufstoßen und Erbrechen sowie verminderter Appetit werden hier mit Fenchel behandelt. 2009 wurde der Fenchel auch in Deutschland zur „Arzneipflanze des Jahres" gekürt. Der typische Geschmack ist dem reichlich enthaltenen ätherischen Öl Anethol zu verdanken. Fenchel ist zudem ein hervorragendes Mittel gegen schlechten Atem. In Indien werden Fenchelsamen nach dem Essen gerne als „Munderfrischer" gekaut. In der Küche harmonieren sowohl die Fenchelknolle als auch die Fenchelsamen besonders gut mit Fisch. Auch Brot oder ein Gemüsecurry gewinnen durch Fenchelsamen eine interessante süßliche Note.

Ingwer

Eine ebenso wichtige Heilpflanze der asiatischen Heiltradition ist der Ingwer. Wie beim Kurkuma stecken die heilenden Substanzen im Rhizom – die botanische Bezeichnung für das wurzelähnliche System, das unterirdisch wächst und biologisch keine Wurzel, sondern ein Sprossachsensystem darstellt. Der Ingwer hat sowohl in der TCM als auch im indischen Ayurveda seit jeher einen Ehrenplatz. In China gilt landläufig sogar, dass jede Mahlzeit Ingwer enthalten sollte. Er kann wie Kurkuma eine große Anzahl therapeutisch hochwirksamer Stoffe aufweisen, die mittlerweile auch von vielen westlichen Studien bestätigt wurden.

So konnten diverse Forschungen den erfolgreichen Einsatz bei Übelkeit und Erbrechen, u. a. bei Reisekrankheit, Schwangerschaft, nach Operationen oder im Zuge einer Chemotherapie, belegen.

Jeder, der selbst einmal magenbedingte Übelkeit mit dem Kauen eines frischen Stücks Ingwer erfolgreich behandelt hat, wird die aromatische und heilbringende Pflanze aus seiner Küchengrundausstattung nicht mehr wegdenken wollen.

Die TCM setzt Ingwer zudem auch bei vermindertem Appetit, Husten, Keuchatmung, beginnenden Erkältungen, Kälte, Schüttelfrost und Fieber, Kopfschmerzen sowie bei Erbrechen und Durchfall nach dem Verzehr von verdorbenem Fisch oder verdorbenen Meeresfrüchten ein.

Ingwer enthält Zingiberen, Zingiberol sowie ätherische Öle und Gingerol, das u. a. für den charakteristischen und scharfen Geschmack sowie die beruhigende Wirkung auf den Verdauungstrakt verantwortlich ist. Im Ingwer enthaltene Stoffe regen zudem die Peristaltik an und wirken Verstopfung entgegen. Ingwer unterstützt den Körper bei der Verdauung von Eiweiß, regt den Gallenfluss an und hilft dadurch bei der Fettverdauung.

Ingwer verfügt auch über blähungswidrige Eigenschaften. Bereits im alten Griechenland wurde er nach üppigen Mahlzeiten verzehrt, um Verdauungsproblemen und Blähungen vorzubeugen. Seine entzündungshemmende Wirkung macht ihn ebenso wie die stark verdauungsfördernde Kraft zu einem der wertvollsten Bestandteile in einer magen- und darmfreundlichen Küche.

Kümmel und Kreuzkümmel

Kümmel gehört wie Anis, Dille und Fenchel zur Familie der Doldenblütler und ist jenes Gewürz, das selbst in den „gewürzfauleren“ Küchen unserer Breiten recht häufig anzutreffen ist. Seine Hauptwirkstoffe sind die ätherischen Öle Carvon und Limonen. Die Samen der Pflanze werden als Gewürz und Heilpflanze eingesetzt und wirken windtreibend, lindernd bei Magenkrämpfen und Koliken, antiseptisch auf den Verdauungstrakt und verdauungsfördernd. Beachtlich ist auch die pilzhemmende Eigenschaft des Kümmels.

Aufgrund all dieser Qualitäten wird er in der traditionellen Küche gerne bei schweren und blähenden Speisen zum Einsatz gebracht. Traditionelle Gerichte wie Krautfleckerln oder Schweinshaxe verdanken dem Kümmel eine bessere Verträglichkeit und weisen darauf hin, dass früher das Wissen der Volksmedizin um die Wirkung diverser Pflanzen häufig seinen Weg in die Küchen der einfachen Bevölkerung geschafft hat.

Einen völlig anderen Geschmack als Kümmel hat sein naher Verwandter, der Kreuzkümmel. Auch er gehört zu den Doldenblütlern und ist besonders in der indischen Küche ein fixer Bestandteil. Hildegard von Bingen empfahl Kreuzkümmel insbesondere als Gewürz beim Verzehr von Käse, damit dieser besser vertragen werde. Kreuzkümmel wird auch Mutterkümmel oder Cumin genannt und kann eine Reihe positiver Wirkungen auf unsere Verdauung vorweisen. Er wirkt erwärmend auf den Unterleib und somit entspannend auf Magen und Darm. Auch blähungswidrige Eigenschaften werden ihm nachgesagt. Daher wird er in der Küche u. a. gerne in Kombination mit Hülsenfrüchten verwendet.

Kurkuma

Die Kurkuma ist eine der heilkräftigsten Pflanzen und hat im indischen Ayurveda seit jeher einen Sonderplatz in der Therapie vieler Krankheiten. Sie gehört zur Gattung der Ingwergewächse. Durch die intensive gelborange Färbung ist Kurkuma als Hauptbestandteil vieler Currymischungen für die gelbe Farbe verantwortlich. Auch der im deutschen Sprachgebrauch übliche Ausdruck Gelbwurz ist so entstanden. Die Reihe an positiven Eigenschaften ist lang – und in der Zwischenzeit auch in vielen Bereichen durch westliche Forschungen bestätigt: Kurkuma schützt das Herz, fördert die Verdauung, hemmt Entzündungen und kann Pilze abwehren. Die Pflanze hilft bei Arthritis, Alzheimer, Diabetes und kann sogar Krebserkrankungen, insbesondere Darmkrebs, vorbeugen. Sein aktivster Wirkstoff ist das Curcumin, das u. a. für die stark entzündungshemmenden Eigenschaften verantwortlich ist. Daher wird es in naturheilkundlichen Praxen bei sämtlichen entzündlichen Erkrankungen des Verdauungstraktes, wie z. B. Divertikulitis, hilfreich zum Einsatz gebracht. Kurkuma wirkt anregend auf die Magensaft- und Gallensäureproduktion und kann bei chronischen Magenschmerzen und Magengeschwüren Linderung verschaffen.

Kurkuma hat einen leicht scharfen, etwas bitteren Geschmack und passt hervorragend zu Geflügel, Fisch, Gemüse, Eintöpfen, Suppen, Salatgerichten und natürlich zu Currys.

Mehrere Quellen empfehlen dringend, Kurkuma gemeinsam mit frisch gemahlenem schwarzem Pfeffer zu verzehren. Auf diese Art wird die Fähigkeit des Körpers, das heilkräftige Cucurmin aufzunehmen, um ein Vielfaches erhöht.

Pfefferminze

Die Pfefferminze gehört zur Familie der Lippenblütler und ist eine häufig verwendete und bekannte Heil- und Gewürzpflanze. Sie wurde Ende des 17. Jahrhunderts von einem englischen Biologen entdeckt und entstand vermutlich aus der zufälligen Kreuzung von Bachminze und Waldminze. Die Blätter enthalten ätherische Öle, Gerbstoffe und Flavonoide, die sich sehr positiv auf unsere Gesundheit auswirken können. Pfefferminze regt die Gallenproduktion an und hilft bei vielerlei Magen- und Darmstörungen. Sie beruhigt die Magenschleimhaut und lindert Bauchkrämpfe. Pfefferminze kann dem Wachstum von Bakterien und Viren Einhalt gebieten und hat eine leicht schmerzstillende Wirkung.

Wer die heilkräftigen Substanzen der Pfefferminze nutzen möchte, sollte beim Einkauf der Apothekenware vor den Produkten aus dem Teeregal im Supermarkt den Vorzug geben. Die als Lebensmittel verkauften Kräuter haben häufig weniger wirksame Inhaltsstoffe als jene aus der Apotheke (die ja bestimmte Mindestinhaltsstoffe aufweisen müssen). Das gilt übrigens auch für Heilgewürze wie Kurkuma, Kardamom oder Nelken. Einige Apotheken verfügen über beachtliche Gewürzbestände, die sie sogar frisch für Sie mahlen. Erkundigen Sie sich danach!

Besonders wertvolle Gemüse-, Getreide- und Obstsorten

Wie wichtig eine ballaststoffreiche Kost für eine funktionierende Verdauung und einen gesunden Darm ist, haben wir bereits erörtert, kann aber auch nicht oft genug betont werden. Gemüse, Getreide und Obst stellen die wesentlichsten Ballaststofflieferanten dar. Einige Sorten aus dieser Lebensmittelgruppe haben neben ihrem Ballaststoffreichtum allerdings noch weitere Eigenschaften, die unserer Darmgesundheit kräftig unter die Arme greifen können.

Apfel

„An apple a day keeps the doctor away“ – wer kennt diesen Satz nicht? Bereits im 8. Jahrhundert vor Christus taucht der Apfel in einer alten babylonischen Schrift als heilkräftige Frucht auf.

Vor allem der hohe Pektingehalt machte den Apfel seit jeher auch in der Volksmedizin zum Heilmittel Nummer eins bei Magen- und Darmbeschwerden. Der wirksame Ballaststoff senkt Cholesterin- und Blutfettspiegel und bindet Giftstoffe. Der regelmäßige Verzehr von sonnengereiften Äpfeln kann die Bildung von schädlichen Stoffen in unserem Darm ebenso hemmen wie die Ansiedelung von unerwünschten Bakterien.

Besonders die Schale des Apfels enthält eine hohe Konzentration an Nährstoffen. Die Liste der bioaktiven und gesundheitsfördernden Stoffe im Apfel ist lang. Natrium, Kalium, Kalzium, Magnesium, Phosphor, Kieselsäure, die Vitamine A, B_1, B_2, B_6, C und E sowie Radikalfänger und Polyphenole wie Quercetin machen die biblische Frucht zum wahren Wundercocktail aus der Natur.

Artischocken

Die Artischocke ist nicht nur ein wunderschönes und sehr delikates Gemüse, sie kann auch mit einer beeindruckenden Heilkraft aufwarten. Ihr Hauptbestandteil Cynarin wirkt besonders positiv auf Leber und Galle und hat dadurch einen wesentlichen Einfluss auf Stoffwechsel und Verdauung. Beschwerden wie Übelkeit, Völlegefühl und Blähungen sind häufig auf eine Störung der Leber- und Gallefunktionen zurückzuführen und können durch den Verzehr von Artischocken positiv beeinflusst werden. Diese wirken zudem entzündungshemmend, entwässernd, blutzuckerregulierend und cholesterinsenkend.

Chicorée

Der Chicorée hat wie die Topinambur oder Zwiebel einen hohen Gehalt an Inulin und gehört damit zu den Leibgerichten unserer hilfreichen Darmbakterien. Das ballaststoffreiche Gemüse, das zur Art der Gemeinen Wegwarte gehört, zählt daher zu den Präbiotika – jenen Nahrungsmitteln, die die Vermehrung und Gesundheit unserer Darmflora positiv unterstützen. Die enthaltenen Bitterstoffe sind eine Wohltat für Leber und Galle, sie regen den Stoffwechsel an und fördern unsere Verdauung gleich in mehrfacher Hinsicht.

Dinkel

Der Dinkel und das Wissen um seine Heilkraft sind heute untrennbar mit den Ernährungsempfehlungen der Hildegard von Bingen verbunden. Das preiswerte Getreide hat einen hohen Eiweißanteil, was es auch für eine fleischlose Küche äußerst wertvoll macht. Zudem enthält es wertvolle komplexe Kohlenhydrate, jede Menge Ballaststoffe, Vitamine und Spurenelemente, besonders Magnesium. Laut Hildegard bereitet Dinkel seinen Konsumenten und Konsumentinnen „rechtes Fleisch und Blut und macht die Sinne froh“.

Die genügsame Pflanze wächst auch auf nährstoffarmen Böden und macht eine Düngung fast überflüssig. Aus diesem Grund ist sie in der biologischen Landwirtschaft sehr beliebt. Der Dinkel hat einen hohen Kleberanteil und kann deshalb gut zum Backen verwendet werden. Allerdings enthält er – wie Weizen – Gluten und ist daher bei Glutenunverträglichkeit bzw. für eine auch oft empfohlene glutenfreie Diät nicht geeignet.

Immer mehr Menschen wollen den hochgezüchteten und omnipräsenten Industrieweizen aus gutem Grund meiden – sie sollten diesem deshalb alte und weitgehend unveränderte Getreidesorten wie Dinkel, Emmer oder Einkorn vorziehen. Mehr Informationen dazu erhalten Sie im Buch „Droge Zucker & Weizen“ aus dem Kneipp Verlag.

Hafer

Hafer ist ballaststoff-, eiweiß- und fettreich und ein wertvoller Bestandteil einer vollwertigen Gesundheitsküche. Er zeichnet sich durch einen hohen Gehalt an Vitaminen, Spurenelementen und ungesättigten Fettsäuren aus. Die enthaltenen Schleimstoffe sind eine Wohltat für die Schleimhäute von Magen und Darm – nicht umsonst gilt Haferflockensuppe seit jeher als bewährtes Hausmittel bei Magen- und Darmerkrankungen. Das Getreide liefert auch wichtige Mineralstoffe, unter anderem Magnesium, Eisen, Phosphor, Kupfer, Zink und Mangan. Aufgrund seiner spezifischen Ballaststoffe kann der Hafer zudem den Cholesterinspiegel senken.

Hafer in Form von Haferflocken ist ein einfach und schnell zu verarbeitendes und vollwertiges Getreide, das in Suppen, Getreidebreien und beim Backen einen wertvollen Beitrag zur Darmgesundheit leistet und uns zusätzlich mit einer Extraportion Energie versorgt. Die Redewendung „Es sticht mich der Hafer“ kommt nicht von ungefähr und kann fast als Werbespruch für diese Energiebombe gesehen werden. Denn schon in grauen Vorzeiten wusste der Volksmund, dass Hafer einen besonderen Energieschub verleihen kann.

Aus Sicht der TCM hat Hafer eine wärmende und energiehebende Wirkung und kann besonders in kalten und müden Zeiten empfohlen werden. Ein warmes Frühstück mit Haferflocken ist daher ein guter Start in einen energiegeladenen Tag.

Heidelbeeren (Blaubeeren)

Heidelbeeren sind reich an Pektin und Tannin und können bei Durchfallerkrankungen eine große Hilfe sein. In diesem Fall sollte man jedoch die getrockneten Früchte verwenden und diese als Tee zubereiten, frische Heidelbeeren können sogar leicht abführend wirken. Sie enthalten zudem die Vitamine A und C und diverse Bioflavonoide. Bereits im Mittelalter haben sich Heilkundige wie Hildegard von Bingen die Heilkräfte der Beere zunutze gemacht.

Hirse

Hirse ist ebenso ein besonders wertvolles und nährstoffreiches Lebensmittel, das mit einem äußerst hohen Mineralstoffgehalt auftrumpfen kann. Vor allem ihr Gehalt an Kieselsäure, die Haare, Nägel und Bindegewebe festigt, sticht hervor. Aber auch ihr Eisengehalt kann sich sehen lassen – die Hirse hilft damit beim Blutaufbau.

Als glutenfreies Getreide ist sie auch für Menschen mit Zöliakie oder Glutenunverträglichkeit eine willkommene und schmackhafte Alternative. In der Chinesischen Medizin werden ihr magen- und milzstärkende sowie entgiftende Eigenschaften zugeschrieben. Als basenbildendes Getreide ist sie bei Übersäuerung ein guter Regulator.

Karotte

Die Karotte enthält eine große Menge Pektin, eines Ballaststoffes, der unserem Darm guttut und den Cholesterinspiegel zu senken vermag. Ihr Carotingehalt ist der höchste aller Gemüsesorten. Da das Carotin fettlöslich ist, sollte beim Verzehr von Karotten immer auch auf die gleichzeitige Zufuhr von etwas Fett, beispielsweise in Form von hochwertigem Olivenöl, geachtet werden.

Gekochte Karotten beruhigen den Verdauungstrakt und sind bei Durchfall eine schmackhafte Therapie. In der TCM heißt es, dass sie u. a. die Milz kräftigen und Verdauungsblockaden beseitigen würden. Auch eine positive Wirkung auf die Leber wird ihnen zugeschrieben.

Kohlgemüse

Ein besonderes Loblied sei auf die Kohlgewächse gesungen. Sie zählen zu den heilkräftigsten Lebensmitteln, die unsere Natur hervorgebracht hat. Kohlgewächse gehören zur Familie der

Kreuzblütengewächse, auch Brassicaceae genannt. Zu den äußerst gesunden Brassica-Gewächsen zählen u. a. Grünkohl, Weißkohl (auch Weißkraut genannt), Rotkohl (Rotkraut), Broccoli, Kohlrüben, Blumenkohl (Karfiol), Chinakohl, Senf, Rettich, Radieschen, Meerrettich (Kren), Kresse und Wasabi. Neben dem volksmedizinischen Einsatz in Form von Kohlauflagen, Kohlwickeln und Kohlsaft kann das besondere Gemüse unserem Körper natürlich auch als schmackhaftes Gemüsegericht bemerkenswerte Dienste erweisen.

Eine Vielzahl an Inhaltsstoffen ist für die gesundheitsfördernde Wirkung der Brassica-Gewächse verantwortlich. So enthalten viele Kohlarten u. a. große Mengen an Vitamin C, Vitamin K, Chlorophyll, Kupfer und Kalzium. Schwefelhaltige Aromastoffe wie Senfölglykoside verleihen dem Kohl seine antibakterielle Wirkung.

Kohl wird in naturheilkundlichen Praxen als hochwirksames Mittel gegen Magengeschwüre eingesetzt. Man kann damit bei einer Vielzahl ernsthafter Krankheiten therapeutische Erfolge erzielen bzw. den Krankheitsverlauf positiv beeinflussen.

Und gerade auch für unsere Darmgesundheit kann Kohl mit einer Reihe äußerst hilfreicher Eigenschaften aufwarten: Er nährt unsere Laktobakterien im Darm und unterdrückt das Wachstum schädlicher Fäulnisbakterien.

Versuche mit Broccoli und anderen Kohlarten haben u. a. gezeigt, dass diese Gemüsesorten sogar das Wachstum von Krebszellen eindämmen sowie die Wirksamkeit einer Chemotherapie verbessern können. Besonders das Risiko, an Darmkrebs zu erkranken, kann der häufige Verzehr von Kohlgemüse senken.

Essen Sie Kohlgemüse daher so oft Sie können! Die manchmal blähende Wirkung mancher Kohlgewächse kann durch die Zugabe karminativer Gewürze wie Kümmel, Fenchel, Ingwer oder Kurkuma gemildert werden.

Maroni (Edelkastanie)

Die Maroni ist botanisch eine Nuss, enthält aber im Gegensatz zu anderen Nüssen sehr wenig Fett. Der Kohlenhydrat- und Ballaststoffanteil ist hingegen sehr hoch, was die Frucht gerade für die Darmgesundheit zu einem äußerst interessanten Lebensmittel macht.

Hildegard von Bingen räumte der Maroni einen besonderen Platz unter den therapeutisch wirksamen Lebensmitteln ein. Die Frucht enthält wertvolle Gerbstoffe (Tannine) und Bioflavonoide. Ihre komplexen Kohlenhydrate wirken sich äußerst positiv auf das Wachstum der Darmflora aus. Zudem kann sie mit wertvollen Spurenelementen und einer ganzen Latte an Vitaminen aufwarten. Die Hildegard-Medizin setzt die schmackhafte Baumfrucht bei Leber- und Gallenleiden, Milzschmerzen, Magen- und Darmproblemen, Gastritis und diversen Schwächezuständen erfolgreich ein. Der Kaloriengehalt der Maroni ist sehr hoch. Daher ist sie sehr sättigend und nährend und wird auch gerne bei schwer auszehrenden Krankheiten wie Krebs oder Aids verordnet.

Getrocknete Maroni werden auch zu Mehl vermahlen – dieses Mehl ist glutenfrei und wird gerne bei Zöliakie-Erkrankungen und Glutenunverträglichkeit verwendet.

Pastinaken

Pastinaken waren lange in Vergessenheit geraten und werden langsam wieder häufiger in Supermarktregalen und auf Gemüsemärkten gesichtet. Und das ist nicht nur kulinarisch betrachtet eine gute Nachricht, sondern auch wohltuend für unseren Darm. Pastinaken wirken entkrampfend und helfen bei einer Vielzahl an Magen- und Darmproblemen. Auch sie enthalten Pektine, die als Ballaststoffe Verstopfung vorbeugen und Giftstoffe im Darm binden können.

Reis

Reis zählt zu den bedeutendsten Grundnahrungsmitteln der Menschheit. Obgleich sein ursprüngliches Zuhause in Asien liegt, wird er heute auch in Europa, Australien und den USA kultiviert.

Gerade in Sachen Verdauung und Darmgesundheit kommt ihm eine besondere Bedeutung zu. Aus diesem Grund verwundert es nicht weiter, dass er in der chinesischen Ernährungslehre häufig empfohlen wird. Er stärkt die „Mitte" und somit unsere Verdauung und wirkt leicht trocknend. Daher ist er auch ein wirksames Lebensmittel bei Durchfall.

Der ungeschälte Naturreis enthält in seinem Silberhäutchen und im Keim u. a. die Vitamine B_1, B_2 sowie Niacin und Eisen. Er ist sehr leicht verdaulich und eignet sich hervorragend zur Behandlung von Verdauungsschwächen bzw. bei unzureichender Umwandlung der Nahrung. Reis ist natriumarm und hilft daher beim Entwässern und bei der Gewichtsreduktion.

In der polierten weißen Version sind naturgemäß viele der ursprünglichen Nährstoffe nicht mehr enthalten. Parboiled Reis wird dagegen mit heißem Dampf so behandelt, dass ein Großteil der wertvollen Nährstoffe aus dem Silberhäutchen in das Innere des Reiskorns gepresst werden und so wesentlich mehr Nährstoffe erhalten bleiben als beim gänzlich polierten Reis.

Wer erst vorsichtig auf ballaststoffreiche Kost umsteigt, für den sind polierter Reis und parboiled Reis jedoch eine gute Möglichkeit, die Verdauungskraft langsam wieder aufzubauen. Eine besonders hilfreiche und leicht verdauliche Kost ist das viele Stunden gekochte Reis-Congee, das in China bereits zum Frühstück allgegenwärtig ist.

Reis-Congee oder Reisschleimsuppe, wie die wertvolle Speise mit weniger attraktiven Worten in unseren Breiten genannt wird, kann mit etwas Phantasie und Experimentierfreude zu einer köstlichen magen- und darmschonenden Mahlzeit werden. Süß oder pikant zubereitet eignet sie sich als warmes Frühstück, als leichtes Abendessen oder als gesundes und nahrhaftes Mittagessen zum Mitnehmen in der Thermoskanne ins Büro. Im Rezeptteil habe ich einige schmackhafte Variationen für Sie zusammengestellt.

Rettich

Rettich gehört wie Kohl zu den Kreuzblütengewächsen. Er wirkt verdauungsfördernd und regt den Gallenfluss an. Ein wertvoller Mix an Inhaltstoffen wie u. a. Vitamin C, Kalium, Eisen, Magnesium, Senfölglykosid und Bitterstoffe machen ihn zu einem wertvollen Gut am Teller, das antibiotische Eigenschaften besitzt. In der chinesischen Diätetik ist er ein fixer Bestandteil, der u. a. bei Verdauungsblockaden, Bauchschmerzen, Durchfall, Übelkeit, aber auch bei Husten und Halsschmerzen zum Einsatz kommt.

Rote Rübe (Rote Bete)

Nicht nur die Farbe der Pflanze beeindruckt. Mit ihrem Reichtum an Folsäure liegt sie im Gemüsereich ganz an der Spitze. Zudem ist die Wurzel reich an Silizium und Kalium – und äußerst hilfreich bei Verstopfung und Darmträgheit.

Die klassische Machart des Rote-Rüben-Salats, der in einem Schraubglas im Wasserbad auch zu Hause ganz leicht für ein ganzes Jahr haltbar gemacht werden kann, fügt zusätzlich noch Meerrettich (Kren) und Kümmel hinzu. Dieser perfekte Darmgesundheitssalat darf in meiner Vorratskammer nie ausgehen, er ist eine schnelle und immer vorrätige Beilage zu jedem ballaststoffreichen Getreidegericht. Notfalls können Sie natürlich auch auf die fertigen Varianten im Bioladen zurückgreifen.

Sauerkraut

Eine besonders darmpflegende Form des Kohls ist das milchsauer vergorene Sauerkraut. Bei der Gärung wird ein Großteil des im Weißkohl enthaltenen Zuckers in Milchsäure umgewandelt, und diese ist für unseren Darm eine wahre Wohltat. Sie wirkt desinfizierend und hemmt die Fäulnisbildung. Abgesehen von einem hohen Ballaststoffgehalt und den darmpflegenden Milchsäurebakterien kann das Sauerkraut auch mit einer Reihe weiterer positiv wirkender Substanzen aufwarten. Die Vitamine A, B_6, B_{12}, C, K, Folsäure und Spurenelemente wie Kalium, Kalzium, Eisen, Zink und Phosphor machen es ebenso wie die bioaktiven Pflanzenstoffe der Flavonoide und Glukosinolate zur Gesundheitsbombe.

Sauerkraut wirkt der Vermehrung von gesundheitsschädlichen Bakterien im Darm entgegen und begünstigt die Vermehrung der „guten“. Auch Pfarrer Sebastian Kneipp wusste von der heilenden Wirkung des Sauerkrauts und empfahl jedem, der Probleme mit seinem Darm und einer regelmäßigen Verdauung hatte, täglich 100 Gramm Sauerkraut zu essen und diese Menge auf die Hälfte zu reduzieren, sobald sich die Verdauungstätigkeit normalisiert habe.

Dass bereits im 18. Jahrhundert die Vitamin-C-Mangelerkrankung Skorbut bei den Seeleuten durch die Mitnahme von Sauerkrautfässern verhindert werden konnte, lernten wir bereits in der Schule. Dennoch landet dieses heilsame Gemüse heute viel zu selten auf unseren Tellern. Im anschließenden Rezeptteil möchte ich Sie mit einer Reihe von Rezeptvorschlägen dazu ermutigen, u. a. Sauerkraut und andere Kohlgemüsesorten wieder häufiger in Ihren Speiseplan einzubauen.

Schwarzwurzel

Die Schwarzwurzel gilt wie Topinambur, Kraut und Zwiebel als Präbiotikum und enthält neben einer Menge an Vitaminen und Mineralstoffen auch das darmfreundliche Inulin, das von Diabetikern so geschätzt wird. Da die Zubereitung etwas mühsam sein kann – die Wurzel sondert, wenn man sie roh schält, einen milchigen Saft ab, der sich an der Luft rasch braun verfärbt –, wird die Schwarzwurzel in der Küche nicht mehr so häufig zum Einsatz gebracht. Kocht man sie mit Schale, lässt sie sich anschließend jedoch leicht schälen und zu köstlichen Speisen verarbeiten. Auch bereits gegarte und geschälte Ware im Glas, auf die man im Notfall und bei Zeitmangel zurückgreifen kann, ist heute erhältlich. Dass die frisch zubereitete Wurzel unserer Gesundheit allerdings noch mehr ihrer bioaktiven Stoffe zur Verfügung stellt, liegt in der Natur der Sache.

Spinat

Spinat ist ein leicht abführendes Gemüse, das uns bei Verstopfung und Darmträgheit sehr gute Dienste erweisen kann. Ein komplexer Mix aus Spurenelementen – allen voran Magnesium, die Vitamine A, B, C und E und reichlich Ballaststoffe – machen das grüne Gemüse zu einem wertvollen Bestandteil einer (darm-)gesunden Küche.

Vorsicht ist geboten bei Spinat aus konventionellem Anbau – dieser kann sehr nitratreich sein. Nitrat wird im Körper in gesundheitsschädigendes Nitrit umgewandelt. Ein relativ hoher Anteil an Oxalsäure hemmt zudem die Aufnahme von Eisen und Kalzium im Körper. Es wird daher häufig empfohlen, nitratreichen Spinat nicht öfter als zweimal wöchentlich zu verzehren, das Gemüse zu blanchieren und das Kochwasser abzugießen. Nitrathaltige Speisen sollten nicht über längere Zeit warm gehalten werden.

In der chinesischen Ernährungslehre wird Spinat bei chronischer Verstopfung, Hämorrhoiden, Diabetes, Kopfschmerzen, geröteten Augen, Nachtblindheit und diversen Blutungen (Nasenbluten, Blut im Stuhl ...) empfohlen. Seine thermisch kühlen Eigenschaften wirken besonders positiv auf das Blut, befeuchten bei Trockenheit, stützen die Leber und beseitigen Unruhe.

Topinambur

Die Topinambur, auch Erdartischocke genannt, ist in Sachen Darmgesundheit ein wahrer Schatz. Die Wunderknolle enthält jede Menge lösliche und unlösliche Ballaststoffe. Inulin, Oligofructose und Pektin sorgen u. a. dafür, dass sie unserer Verdauung so zuträglich ist.

Da beim Verzehr von Inulin der Blutzuckerspiegel nicht ansteigt, ist die Topinambur für Diabetiker hervorragend geeignet. Sie sorgt auch für die Vermehrung der gesunden Bifidus-Bakterien im Darm und gilt daher als Präbiotikum.

Aufgrund der Kombination ihrer Inhaltsstoffe, ihrer Kalorien- und Fettarmut sowie ihrer konzentrierten Ballaststoffe wird sie auch häufig als „Schlankmacherknolle" bezeichnet. Wer also seinem Darm und seiner Figur Gutes tun möchte, sollte der Topinambur in seinem Speiseplan einen fixen Platz einräumen.

Bei einer akuten Belastung durch Candidapilze ist allerdings Vorsicht geboten. Die Topinambur nährt auch diese Pilze, ist hier also wenig zuträglich. Der hohe Inulingehalt kann außerdem zu unangenehmen Blähungen führen – vor allem auch dann, wenn wir eine ballaststoffreiche Nahrung noch nicht gewohnt sind.

Der süßliche, nussige und leicht erdige Geschmack der Topinambur ist für manche beim ersten Verzehr etwas gewöhnungsbedürftig. Nach mehreren Versuchen kann man aber durchaus zum wahren Topinambur-Fan werden, da das unverwechselbare Aroma einer kreativen Küche interessante Spielarten verleiht.

Zwiebel- und Lauchgewächse

Auch Zwiebeln gehören zu jenen Lebensmitteln, die unserer Darmgesundheit besonders gute Dienste erweisen können. Der gesundheitliche Mehrwert ist enorm, und wer keine Aversion gegen den Geschmack hat, sollte die süßlich-scharfe Knolle regelmäßig verzehren, um seine Darmflora zu pflegen.

Ein besonders wertvoller Inhaltsstoff der Zwiebel ist Quercetin, ein Polyphenol, das auch in Äpfeln, grünen Bohnen und Broccoli reichlich enthalten ist – vor allem Zwiebelschalen enthalten eine Menge davon. Deshalb ist es ratsam, beispielsweise in Suppen auch die Zwiebelschalen mitzukochen. Eine sattgelbe Färbung sorgt als positiver Nebeneffekt zudem für die ästhetische Aufwertung Ihrer Suppe.

Die Schwefelverbindungen der Zwiebel wirken stark antibakteriell und schützen die Schleimhäute vor Infektionen. Reichlich Folsäure sorgt für gute Stimmung, Blutbildung und Zellgesundheit, Vitamin C und Eisen stärken Immunsystem und Blut, diverse Eiweißstoffe und Flavonoide senken Blutdruck und Blutfettspiegel.

In der chinesischen Küche und Ernährungslehre sind Jungzwiebeln ein omnipräsentes Gemüse. Sie werden bei Verstopfung, bakteriellem Durchfall, Magenschmerzen und Wurmbefall erfolgreich eingesetzt und stehen in China – ähnlich wie Ingwer – nahezu täglich auf dem Speiseplan. Im Falle gröberer Ungleichgewichte, die mit Trockenheits- und Hitzesymptomen einhergehen, wie z. B. einem sogenannten Yin-Mangel, ist aus chinesischer Sicht allerdings beim Verzehr vieler Lauchgewächse Vorsicht geboten. Die warme bis heiße Thermik von Zwiebeln und Knoblauch kann dieses Ungleichgewicht, das sich etwa durch Stuhltrockenheit oder Hitzewallungen äußert, noch verschlimmern. Fragen Sie im Zweifelsfall Ihre/n Ernährungsberater/in oder TCM-Arzt/Ärztin, wenn Sie sicher gehen wollen, dass die Lauchfamilie auch aus chinesischer Sicht Ihrer persönlichen Gesundheit zuträglich ist.

Zu der aus östlicher und westlicher Sicht äußerst heilkräftigen Familie gehören auch Knoblauch, Lauch und Bärlauch.

Rohe Lauchgewächse, insbesonders Zwiebeln, werden vor allem bei schwacher Verdauungskraft manchmal schlecht vertragen. In diesem Fall empfiehlt es sich, statt roher Zwiebeln gedünstete zu verwenden.

Hilfreiche Enzyme

Feigen

Die Feige ist eine der ältesten Kulturpflanzen. Mit etwas Geschick und Geduld lässt sie sich auch in unseren Breiten kultivieren, eine warme Hausmauer kann der mediterranen Pflanze im heimischen Garten helfen, die winterlichen Temperaturen leichter wegzustecken.

Als hervorragendes Mittel eignet sich die Feige gegen Stuhlträgheit, frisch wie getrocknet unterstützt sie eine gesunde Verdauungskraft. Sie enthält verdauungsfördernde Enzyme, wirkt antibakteriell und ist reich an Ballaststoffen.

Frische Früchte sind wesentlich kalorienärmer als getrocknete – aber beide Formen sind kulinarisch wie gesundheitlich eine Bereicherung für jede Küche. Auch bei Leber- und Gallenleiden können Feigen therapeutische Hilfe leisten und üblen Krankheiten vorbeugen. Ein hoher Magnesiumgehalt hilft in stressigen Zeiten zu entspannen, und das einzigartige Aussehen der biblischen Frucht erfreut nicht nur den Gaumen, sondern auch Auge und Gemüt. Feigen eignen sich sowohl für Süßspeisen, Chutneys, Marmeladen und Desserts als auch für die pikant-süße Küche in Kombination mit Fleisch, Geflügel oder Getreidegerichten.

Papaya

Die tropische Frucht beinhaltet wertvolle Enzyme, allen voran Papain, das u. a. bei der Eiweißverdauung gute Dienste leisten kann. Sie wird zudem basisch verstoffwechselt und enthält die Vitamine A, B und C sowie Magnesium und Kalzium.

Die Papaya gehört zwar nicht zu jenen Früchten, die in unseren Breiten leicht verfügbar sind. Aufgrund ihrer außerordentlichen Wirkung – u. a. auf Magen und Darm – muss ihr aber dennoch ein besonderer Stellenwert bei der Aufzählung hilfreicher Nahrungsmittel eingeräumt werden. Die Papaya wird in indianischen wie in asiatischen Gesundheitstraditionen als besondere Frucht verehrt. In der Zwischenzeit bestätigen auch westliche Forschungen, dass diese „Fruta de bomba“ oder auch dieser „Baum der Gesundheit“, wie die Papaya in ihrer südamerikanischen Heimat liebevoll genannt wird, über heilsame Inhaltsstoffe verfügt. Sowohl Fruchtfleisch und Haut als auch die Kerne werden u. a. bei Verdauungsproblemen, Übersäuerung, Magen-, Darm- und Hautentzündungen, zur allgemeinen Darmreinigung sowie zur Verbesserung des Immunsystems erfolgreich verabreicht. Da die Papaya hierzulande nicht überall im Handel zu beziehen ist, wird aus therapeutischen Gründen auch gerne auf Papaya-Präparate als Nahrungsmittelergänzunge zurückgegriffen. Damit werden in naturheilkundlichen Praxen oft verblüffende und positive Ergebnisse bei Magen- und Darmproblemen erzielt. Der französische Forscher und Entdecker des HI-Virus, Luc Montagnier, empfiehlt fermentierte Papaya aufgrund ihrer immunstärkenden Wirkung sogar als Nahrungsergänzungsmittel im Kampf gegen Aids und Parkinson.

Weitere Verdauungshilfen

Dörrpflaumen

Wer immer wieder längere Zeit unter Verstopfung leidet, bei dem sollte sie ein fixer Bestandteil des Vorratsschranks sein: die Dörrpflaume. Sie vermag rasche und schmackhafte Abhilfe bei Verstopfung und Darmträgheit zu schaffen. Über Nacht in Wasser eingelegt und auf nüchternem Magen morgens verzehrt, weckt sie den müden Darm auf und kann zudem mit einer Vielzahl an Vitalstoffen wie Antioxidantien, sekundären Pflanzenstoffen, Carotinoiden und Spurenelementen wie Kupfer aufwarten.

Fermentierte Lebensmittel

Manche Fermentationsprozesse verändern Lebensmittel. Die Aufnahme der dadurch entstandenen Produkte hat eine besonders wohltuende Wirkung auf Verdauung und Stoffwechsel. Dazu gehören u. a.

- fermentierte Produkte, die aus Sojabohnen, Reis oder Gerste hergestellt werden und als Miso, Sojasauce und Tamari im Naturkostladen erhältlich sind,
- milchsauer Vergorenes wie Sauerkraut, Kimchi und Sauerteig sowie Sauermilchprodukte wie Joghurt oder Sauermilch.

Bauen Sie diese Produkte immer wieder in Ihren Speiseplan ein, Magen und Darm werden es Ihnen danken.

Besonders wertvolle Tipps zum Fermentieren erhalten Sie auch im Buch: „Fermentieren – Superfood für den Darm“ von Katrin Thomas, erschienen im Kneipp Verlag.

Flohsamenschalen

Flohsamenschalen sind die Schalen einer Pflanze namens Plantago ovata, die zur Gattung der Wegeriche gehört und in Nordafrika und Südwestasien heimisch ist bzw. kultiviert wird.

Der in alternativmedizinischen Kreisen seit langem erfolgreiche Einsatz bei Durchfall und Verstopfung wird zunehmend auch durch schulwissenschaftliche westliche Studien bestätigt.

Flohsamenschalen funktionieren als pflanzliche Quellmittel oder Stuhlaufweicher, die im Darm bis zum 50-Fachen ihres Volumens an Wasser aufnehmen und somit das Stuhlvolumen deutlich erhöhen können. Der daraus entstehende Druck auf die Darmwand führt schließlich zur Darmentleerung. Die Bewegungsfähigkeit des Darmes wird erhöht, die Verweildauer des aufgenommenen Wassers verlängert, und somit können auch Durchfälle heilsam beeinflusst werden.

Es ist wichtig, dass bei der Einnahme von Flohsamenschalen auch reichlich Wasser getrunken wird, damit das Aufquellen der Ballaststoffe funktioniert und die empfohlenen Dosen eingehalten werden. Zu große Mengen in Kombination mit zu wenig Flüssigkeit können gefährlich sein, eine massive Verstopfung bis hin zum Darmverschluss auslösen.

Hochwertige Fette

Der Light-Wahnsinn der letzten Jahrzehnte beginnt uns langsam zu verlassen, und das ist gut so. Nicht alles, was fett ist, ist schlecht. Ganz im Gegenteil. Eine Vielzahl an Studien belegt in der Zwischenzeit, wie wichtig die Aufnahme hochwertiger Fette für einen gut funktionierenden Stoffwechsel ist. Betonung auf hochwertig!

Für eine gesunde Ernährung und funktionierende Verdauung ist die Aufnahme hochwertiger Fette und Öle eine wichtige Grundvoraussetzung. Das Thema ist komplex und vielschichtig – ich will an dieser Stelle auf zwei Fette hinweisen, die uns in ganzheitlichen Ernährungsempfehlungen häufig begegnen:

Olivenöl extra vergine

Hochwertiges Olivenöl erster Güteklasse ist kulinarisch wie gesundheitlich eine Art Wunderdroge. Ein hoher Polyphenolgehalt und eine Reihe von Antioxidantien, Vitaminen und sekundären Pflanzenstoffen sorgen dafür, dass das Öl frisch und fruchtig schmeckt und Magen, Darm und Zellen guttut.

Der leider weitverbreitete Etikettenschwindel zwingt gesundheits- und qualitätsbewusste Konsumenten und Konsumentinnen allerdings zu besonderer Achtsamkeit. Es ist wichtig, Geschmack und Know-how zu schulen, wenn man sicher gehen will, ein hochwertiges Öl zu erstehen. Industrie und Handel setzen sich seit Jahrzehnten über gesetzliche Bestimmungen hinweg und produzieren minderwertige Öle, bzw. verkaufen diese als „hochwertig" (extra vergine). Gesundheitsbewussten Genießerinnen und Genießern sei also empfohlen, so oft wie möglich an Verkostungen und Sensorik-Schulungen teilzunehmen. Ein hochwertiges Olivenöl besteht stets aus den Geschmackskomponenten fruchtig, scharf und bitter. Ranzige, essigsaure und modrige Gerüche und Geschmäcker deuten hingegen auf minderwertige Ware hin.

Wer aber die Olivenöl-Quelle seines Vertrauens und Geschmacks gefunden hat, der wird in der Küche – und in seiner Gesundheitsbilanz – eine neue Epoche einläuten. Magen und Darm werden es im Speziellen danken, wenn billige Gammelöle gegen hochwertige, schmackhafte und echte Extra-vergine-Öle ausgetauscht werden.

Ghee und Butterschmalz

Ghee ist eine Art Butterschmalz, das in der indischen, pakistanischen, südostasiatischen, ägyptischen, arabischen und äthiopischen Küche bzw. in der ayurvedischen Heil- und Kochkunst eine große und wichtige Rolle spielt.

Es werden ihm entzündungshemmende und heilkräftige Eigenschaften nachgesagt, die u. a. für Verdauung und Darm eine gesunderhaltende Wirkung haben. Ghee wurde als Juwel der altindischen Medizin bezeichnet, und das kommt nicht von ungefähr. Es wird seit Jahrhunderten gegen vielerlei Beschwerden erfolgreich eingesetzt – wie z. B. als Mittel zur Verdauungsförderung, gegen Appetitlosigkeit, zur Entgiftung, bei Verstopfung und bei Entzündungen.

Auch in den Alpenregionen ist Butterschmalz seit langem bekannt, es wurde und wird gerne zum Braten und Backen verwendet. Ghee bzw. Butterschmalz ist aus Butter gewonnenes, reines Butterfett, dem Wasser, Milcheiweiß und Milchzucker entzogen wurden. Der geringe Wasseranteil sorgt dafür, dass es enorm lange haltbar ist. Es lässt sich gut hoch erhitzen, da der Rauchpunkt erst bei über 200 °C liegt. Diese geklärte Butter, die einen leicht nussigen Geschmack hat, ist nicht nur gesundheitlich eine Bereicherung, sondern verfeinert auch herzhafte Gerichte mit einer besonderen geschmacklichen Note.

Kudzu

Kudzu ist eine aus Ostasien stammende Heilpflanze, deren Stärkeknollen in China, Japan und Korea seit jeher kulinarisch genutzt werden. Als Verdickungsmittel können Suppen und Saucen damit gebunden werden. Kudzu ist hierzulande getrocknet in Form von kreideartigen Stücken im Reformhaus erhältlich. Unter anderem wird der Pflanze in traditionellen asiatischen Heilsystemen eine besonders heilsame Wirkung auf Magen und Darm nachgesagt. Seit einigen Jahren empfehlen amerikanische Wissenschaftler, Kudzu auch zur Unterstützung bei der Raucherentwöhnung und gegen Alkoholmissbrauch einzusetzen. Als „Katermittel“ hat es in Asien ebenso Tradition wie zur vorbeugenden Reinigung von Magen und Darm.

Leinsamen

Die Samen des Flachses werden als Leinsamen bezeichnet. Ein enorm hoher Gehalt an Omega-3-Fettsäuren, Schleimstoffen, Lecithin, Vitaminen und Folsäure verleihen den Samen u. a. außerordentlich gesunde Eigenschaften. Geschrotet wird Leinsamen ebenso wie Flohsamen als bewährtes Mittel bei Darmträgheit und Verstopfung verwendet. Die enthaltenen Schleimstoffe quellen in Kombination mit Wasser auf und helfen einer trägen Peristaltik auf die Sprünge. Das aus den Samen gepresste Leinöl ist ein überaus wertvolles Pflanzenöl, das eine Vielzahl an ungesättigten Fettsäuren enthält. Leinsamen und -öl sind sehr sauerstoffempfindlich und sollen daher in luftdichten, dunklen Behältern aufbewahrt werden.

Kleie

Als Kleie bezeichnet man die Rückstände beim Mahlen von Getreide, die aus den Schalen, der Aleuronschicht und dem Keimling des Getreidekorns bestehen. Früher wurden diese Rückstände vor allem als Futtermittel verwendet. Die Vollwerternährung hat Kleie als wertvollen Ballaststofflieferanten entdeckt und empfiehlt den Einsatz von Haferkleie oder Weizenkleie bei Darmträgheit und Verstopfung oder allgemein zur Vorbeugung von Verdauungsproblemen. Auch hier ist eine Kombination mit reichlich Flüssigkeit wesentlich, sodass es nicht zu Verstopfungserscheinungen oder gar zu einem Darmverschluss kommen kann. Schleimstoffe und Ballaststoffe, Vitamine und Mineralstoffe sind in diesen Randschichten vermehrt enthalten. Allerdings konnten auch unerwünschte Abwehrstoffe, die die Pflanze gegen Fraßfeinde entwickelt, sowie Pestizide, Schwermetalle und Schimmelpilze vermehrt in den äußeren Schichten von Getreide nachgewiesen werden. Es empfiehlt sich in jedem Fall, auf eine möglichst biologische und hochwertige Qualität zu achten, um diese negativen Nebenerscheinungen so gering wie möglich zu halten.

Allgemeine Tipps rund ums Verdauen

Was sollte vermieden werden?

Wer Probleme mit Magen und Darm hat oder diese gleich gar nicht bekommen möchte, sollte auf folgende Nahrungsmittel verzichten bzw. deren Konsum möglichst gering halten:

- Fertigprodukte wie Dosenware, Tiefkühlmenüs usw.
- Stark industriell verarbeitete Lebensmittel
- Große Mengen an tierischen Fetten
- (Minderwertiges, billiges und vor allem rotes) Fleisch
- Billige und minderwertige Speiseöle und Fette
- Weißmehlprodukte wie Weißbrot, weiße Nudeln, Kuchen, Torten
- Zucker, Schokolade und andere zuckerhaltige Produkte wie Limonaden
- Industriell hergestellte Naschereien und Knabbereien wie Kekse, Chips & Co
- Extrem scharfe, heiße oder kalte Lebensmittel
- Weit Gereistes und/oder Unreifes

Was hilft beim Verdauen?

Es gibt einige Methoden, die helfen können, den Verdauungstrakt zu entlasten bzw. die Verdauungskraft zu stärken. Einige davon will ich Ihnen hier noch mit auf den Weg geben:

Trennkost

Die vom amerikanischen Arzt William Howard Hay stammende Methode wurde Anfang des 20. Jahrhunderts entwickelt und empfiehlt eine weitgehende Trennung von Kohlenhydraten und Eiweiß. Hay war der Meinung, dass die kombinierte Aufnahme von beiden eine Mahlzeit wesentlich schlechter verdaulich mache. Wie bei allen Diät- und Ernährungsformen gibt es Befürworter und Kritiker sowie weiterführende Systeme, die einen Teil des Ansatzes nutzen und zusätzliche Regeln hinzugefügt haben. Diäten wie die Montignac-Methode oder die Low-Carb-Diät arbeiten zum Teil mit Trennkost-Ansätzen und empfehlen bestimmte Kombinationen bzw. erachten andere als nachteilig.

Essenszeiten

Es ist nicht nur wichtig, was wir essen, sondern auch, wann wir dies tun. Vor allem im fortgeschrittenen Alter merken wir rasch, dass der Stoffwechsel lahm wird, wenn wir zu spät essen. Unsere Organ-Uhr hat für bestimmte Aufgaben bestimmte Zeiten vorgesehen. So ist in der Früh die „Hochzeit" für Milz und Magen, aufgenommene Nahrung kann zu dieser Zeit besonders gut in Energie umgewandelt werden. Auch westliche Studien belegen neuerdings wieder, dass Großmutters Satz „Frühstück wie ein Kaiser, Mittagessen wie ein König und Abendessen wie ein Bettelmann“ eine tiefere Wahrheit in sich birgt.

Wer seine Hauptmahlzeiten spät am Abend zu sich nimmt, wenn unser Körper eigentlich auf Ruhe und Entgiftung der Organe umschalten möchte, überfordert sein System. In jungen Jahren verzeiht uns das unser Körper noch – die Verdauungskraft ist noch stark. Je älter wir werden, umso mehr rächen sich solche Ernährungsfehler in Form von Übergewicht, Müdigkeit am Morgen und träger Verdauung.

Weniger ist mehr

Einen gerade in Zeiten des Überflusses interessanten Ansatz sehe ich in der Reduktion – Reduktion von Menge ebenso wie Reduktion von Vielfalt. Wir essen häufig viel zu viel und weit über das Maß, das wir benötigen. Zudem beschäftigen wir unseren Körper bei einer Mahlzeit oft mit einer Vielzahl an unterschiedlichen Zutaten und Substanzen, die jede für sich andere Mechanismen auf den Plan rufen, um gewinnbringend verarbeitet zu werden.

Manche Diäten und Kuren machen sich zunutze, den Körper durch Reduktion zu entlasten. Wir können aber auch im Alltag darauf achten, möglichst einfache Gerichte zu essen und diese insgesamt so zu variieren, dass dennoch für eine Vielfalt der nötigen Nährstoffe gesorgt wird. Einfaches Gemüse mit guten Fetten und ein paar Gewürzen im Gegensatz zu übermäßig aufwendigem „Schnick-Schnack“-Essen schont nicht nur unser aller enges Zeitbudget, sondern kann auch Magen und Darm entlasten.

Die enorme Wichtigkeit des Kauens

Zu guter Letzt sei auf einen der wesentlichsten Faktoren für eine gute Aufnahme unserer Nahrung und damit für eine funktionierende Verdauung hingewiesen: das Kauen.

Der Prozess unserer Verdauung beginnt nämlich nicht erst im Magen, sondern bereits im Mund. Gründliches Kauen und Einspeicheln der Nahrung sorgen für die ersten wichtigen Zerlegungsschritte, um aus den Lebensmitteln die entsprechenden Nährstoffe und Energie zu gewinnen.

Durch die Art der Nahrung, die wir heute in westlich „zivilisierten“ Ländern vermehrt zu uns nehmen (Nudeln, Weißbrot etc.), haben wir größtenteils verlernt, unser Essen ausreichend zu kauen. Wir schlingen es vielmehr oft in groben Brocken hinunter, nehmen uns zum Essen wenig Zeit und sind häufig sehr faul geworden, was das Kauen betrifft.

Dabei hilft gründliches Kauen nicht nur bei Verdauungsproblemen, es bewahrt uns auch davor, mehr zu essen, als unser Körper an Energie benötigt. Durch gründliches Kauen und langsames Essen setzt das Sättigungsgefühl wesentlich früher ein, und wir reduzieren damit automatisch die zugeführten Mengen.

Geistige und emotionale Faktoren

Was müssen wir außer unserer Nahrung sonst noch verdauen? Dieser Frage kann nicht genug Beachtung geschenkt werden. Denn ein häufig übersehener, aber enorm wichtiger Faktor bei der Betrachtung unserer Darmgesundheit ist der psychoemotionale und geistige Faktor. Der Darm steht symbolisch für die Trennung von Wichtigem und Unwichtigem sowie für die Verdauung – auch im übertragenen Sinn. „Unverdaute" seelische Probleme können sich akut oder chronisch durch massive Verdauungsprobleme ausdrücken.

Aus Sicht der Traditionellen Chinesischen Medizin schwächt unentwegtes Grübeln und Sorgenmachen übrigens unsere „Mitte", also unsere Verdauungskraft. Und dem Organsystem von Lunge und Dickdarm entspricht die Emotion der Trauer. Tiefe Traurigkeit kann sich also auch negativ auf unsere Darmgesundheit auswirken.

Zudem kommen auch immer mehr moderne Forschungen zu dem Schluss, dass zwischen Darm und Hirn eine enge Verbindung besteht, die sogenannte Darm-Hirn-Achse rückt damit zunehmend ins Interesse der Forschung.
Investieren wir also in unsere geistige und emotionale Gesundheit, so fördern wir auch die Gesundheit unseres Darms und Verdauungssystems – und umgekehrt. Emotionen Raum zu geben, Erlebtes zu reflektieren, sich nötigenfalls Hilfe und Unterstützung bei Therapeuten und Therapeutinnen, professionellen Beraterinnen und Beratern, Ärzten und Ärztinnen zu holen – all dies kann uns dabei unterstützen, unsere Darmgesundheit zu erhalten oder zurückzugewinnen!

Genuss und Freude

Das Wichtigste nach all den Empfehlungen und Vorgaben und vor dem Rezeptteil ist aber eines – die Freude an genussvollem Essen!

Denn Gerichte, die uns guttun, können auch gut schmecken. Versuchen Sie Ihr Essen wieder häufiger selbst herzustellen. Unsere Einstellung und unsere Emotionen stellen einen wesentlichen Faktor für die Erhaltung unserer Gesundheit dar. Genießen Sie also gesundes Essen und geißeln Sie sich nicht, wenn Sie nicht immer alles hundertprozentig richtig machen. Ein gesundes Mittelmaß und ein lebensbejahender Zugang sind mindestens so wichtig wie die Aufnahme gesunder Lebensmittel.

Darmprobleme und Allergien treten immer häufiger auf – wie kann eine gesunde Ernährung davor schützen?

In meiner „Darmpraxis" bin ich täglich mit Menschen konfrontiert, die in den unterschiedlichsten Ausprägungen Probleme mit ihrem Bauch haben. Schätzungen gehen davon aus, dass etwa die Hälfte aller Menschen oft oder zumindest gelegentlich unter Störungen im Verdauungstrakt leidet. Schnell wird dann in der klassischen Medizin von Darmreizungen gesprochen, ohne den Problemen tatsächlich auf den Grund zu gehen. In einer erweiterten Stuhldiagnostik finden sich aber sehr oft Fehlbesiedelungen mit Bakterien und Pilzen. Dünndarm- und Dickdarmentzündungen sind ebenfalls keine Seltenheit, genauso wenig wie Störungen bei den Verdauungssäften von Leber und Bauchspeicheldrüse. Bei fast jeder zehnten Untersuchung wird eine glutenbedingte Schleimhautbelastung des Dünndarms festgestellt. Laktose-, Fruktose- und Histaminabbaustörungen nehmen rasant zu, und beinahe täglich berichten Medien über den beunruhigenden Anstieg an Allergien (wobei man als Ursachen gleich den Klimawandel und die sich angeblich verändernden Pflanzenpollen festmacht).

Als sich im Laufe der Evolution der letzten Millionen Jahre der Mensch entwickelt hatte, gab es (noch) keine Chemie im Essen, keine Lebensmittelzusätze, kein Fleisch und keine Milch aus Massenproduktion, weder hochgezüchtete Getreidesorten, noch künstlichen Zucker oder transformierte Fette. Um unsere Gene an heutige Lebensmittel anzupassen, würde es mindestens hunderttausend Jahre dauern.

Erste Schritte zu einem gesunden Darm

- Achten Sie auf Ihre persönlichen Bedürfnisse, darauf, was Ihnen guttut oder was Ihnen Probleme bereitet und Sie müde macht. Nicht alles, von dem man hört, es sei gesund, ist es auch. Milch vertragen zum Beispiel nur relativ wenige Menschen gut. Die anderen bekommen davon Blähungen, Hautprobleme, Verstopfung oder Durchfall und leiden an einer Schwächung des Immunsystems.

- Vermeiden Sie, wo immer möglich, Lebensmittel, die Weizen enthalten. Weizen ist eine denaturierte Getreidesorte, die fast allen Menschen Probleme macht. Autoimmunprozesse wie Schilddrüsenentzündungen, Rheuma und Zöliakie haben hier ebenso ihren Ursprung wie Neurodermitis und Überwucherungen mit Candida.

• Achten Sie auf die Qualität der Fette und Öle. Fette sind für den Menschen lebensnotwendig, eine strikte Vermeidung würde Probleme erzeugen. Verwenden Sie aber keine künstlich gehärteten Fette wie Margarine und Streichfette. Diese führen zu Entzündungen der empfindlichen Darmschleimhaut – hochwertige, kalt gepresste Öle aus Oliven und Ölsaaten sind die viel gesündere Alternative.

• Überprüfen Sie Ihren Fleischverzehr. Fleisch ist nicht generell ungesund. Achten Sie aber darauf, ob Sie Fleisch auch gut verdauen können. 40 von 100 Menschen haben bei der Verdauung von tierischem Eiweiß Probleme, weil sie zu wenige Bauchspeicheldrüsensäfte haben. Die Folgen sind Blähungen, Durchfall und ein Fäulnismilieu im Darm. Diesen Menschen sei pflanzliches Eiweiß ans Herz gelegt.

• Achten Sie auf genügend Ballaststoffe in Ihrer Ernährung – sowohl auf unlösliche wie Zellulose als auch auf die noch wichtigeren löslichen. Diese spielen eine bedeutende Rolle bei der Gesunderhaltung des Darms, leben doch die guten Darmbakterien davon. Wenn es viele dieser guten Bakterien im Darm gibt, ist die Schleimhaut geschützt und Fäulnisprozesse können nicht stattfinden. Verstopfung entsteht fast immer aus einem Mangel an löslichen Ballaststoffen und guten Darmbakterien. Wo die löslichen Ballaststoffe zu finden sind? Im Gemüse, im Gemüse und nochmals im Gemüse – teilweise aber auch im Obst und – eher wenig – in Brot, Nudeln, Reis und Kartoffeln.

• Achten Sie auf regelmäßiges Essen und warme Speisen. Der Darm liebt es, regelmäßig, aber nicht oft mit Nahrungsmitteln versorgt zu werden. Viele vertragen keine kalten Speisen und auch keine Rohkost, speziell Menschen, die zu Verstopfung neigen, sollten das beherzigen. Oft genügt es schon, die Lebensmittel für wenige Sekunden zu garen.

• Verwenden Sie ausreichend Gewürze und Kräuter. Gewürze haben neben ihren geschmacklichen Eigenschaften auch eine wichtige Bedeutung für die Darmgesundheit. Bittere Stoffe und Kräuter helfen bei der Verdauung schwerer, fettreicher Kost, mit anderen Kräutern wie z. B. Oregano kann man Pilze in Schach halten. Gegen alles ist ein Kraut gewachsen, heißt es auch im Volksmund.

Die richtige Ernährung ist die Basis für einen gesunden Darm. Ich wünsche Ihnen, dass Sie mit dem vorliegenden Buch zu einer darmgesunden Lebensweise finden.

Dr. med. Gerhard Wallner

Magen und *Darm* stärken

laktosefrei / histaminarm / vegan

Haferflocken-Kastanien-Süppchen mit Kräutertrilogie

1 kleine Zwiebel
1 1/2 EL Olivenöl extra vergine
60 g Haferflocken
20 g Edelkastanienmehl
2 EL gekörnte Gemüsesuppe
1 TL gemahlener Kümmel
1 Handvoll frischer Kerbel
1 Handvoll frische Dille
1 Handvoll Petersilie
Salz
Pfeffer aus der Mühle
1 l Wasser

1 Zwiebel schälen, fein hacken und in Olivenöl anrösten.

2 Haferflocken und Kastanienmehl beifügen, kurz mitrösten und mit Wasser bzw. Gemüsesuppe aufgießen.
Mit Kümmel, Salz und Pfeffer würzen und auf kleiner Flamme köcheln lassen, bis sich die Haferflocken aufgelöst haben und die Suppe eingedickt ist.

3 Frische Kräuter waschen, hacken und in die Suppe rühren. Heiß servieren.

vegetarisch

Rote-Rüben-Türmchen mit Krencreme

500 g Rote Rüben (Rote Bete)
140 g Topfen (Quark)
55 g Crème fraîche
15 g frisch geriebener Kren (Meerrettich)
1 EL Olivenöl
Salz
bunter Pfeffer
Zahnstocher
Schwarzbrot

1 Rote Rüben je nach Größe rund 45–50 Minuten weich dämpfen. Auskühlen lassen und in ca. 5 mm dicke Scheiben schneiden.

2 Topfen und Crème fraîche mit frisch geriebenem Kren verrühren. Mit Salz und Pfeffer würzen.

3 Rote-Rüben-Scheiben mit der Krencreme bestreichen und zu Türmchen aufstapeln. In der Mitte mit einem Zahnstocher fixieren.

4 Mit frisch geriebenem bunten Pfeffer bestreuen und mit getoastetem Schwarzbrot servieren.

glutenfrei / laktosefrei / vegan

Melanzanicurry mit frischen Kräutern

2 Melanzani (Auberginen), ca. 500 g
400 g geschälte Bio-Tomaten aus dem Glas
2 Zwiebeln
4 Knoblauchzehen
4 cm frischer Ingwer
4 TL gemahlener Kurkuma (Gelbwurz)
2 TL gemahlener Bockshornklee
2 TL gemahlener Kreuzkümmel
2 TL gemahlener Koriander
1 Handvoll Koriandergrün
1 Handvoll Petersilie
1 Handvoll Basilikum
Salz
schwarzer Pfeffer aus der Mühle
Kokosöl

1 Melanzani waschen und in Würfel schneiden. Ingwer, Zwiebeln und Knoblauch schälen und klein hacken.

2 In einer Pfanne etwas Kokosöl erhitzen und Zwiebeln, Knoblauch und Ingwer darin ansautieren. Gewürze beifügen und durchrösten. Melanzani und Tomaten dazugeben und alles so lange braten, bis die Melanzani gar sind.

3 Kräuter waschen und fein hacken, unter das Gemüse rühren. Mit Salz und Pfeffer abschmecken und heiß servieren.

TIPP *Dazu passen Basmatireis oder Gewürz-Chapatis (siehe Rezept Seite 82).*

glutenfrei / laktosefrei

Gedämpfte Curry-Hühner-Spießchen auf Karotten-Ingwer-Kraut

500 g Bio-Hühnerbrust
1 TL Kurkuma (Gelbwurz)
1 EL Curry
1 Schuss Tamari
Holzspieße
1 kleiner Kopf Weißkraut (Weißkohl)
4 Karotten
2 cm Ingwer
1 Bio-Zitrone
Sonnenblumenöl
Salz
Pfeffer

1 Hühnerbrust von Sehnen, Haut und Fett befreien und in längliche Streifen schneiden. Diese auf Spießchen auffädeln und mit Curry, Kurkuma und Tamari mindestens 1 Stunde marinieren. Anschließend im Dampfgarer oder Topf mit Dämpfeinsatz 5 Minuten gar dämpfen.

2 Karotten schälen und grob raspeln. Krautkopf waschen und in feine Streifen schneiden. Ingwer raspeln. Sonnenblumenöl in einer Pfanne erhitzen und das Gemüse mit dem Ingwer kurz sautieren. Mit dem Saft und Abrieb einer Bio-Zitrone sowie Salz und Pfeffer würzen.

3 Die gedämpften Spießchen auf dem Karotten-Ingwer-Kraut servieren.

glutenfrei / laktosefrei

Safran-Hühnerkeulen mit frischen Feigen

4 Hühnerkeulen
10 Safranfäden
125 ml Weißwein
10 Feigen
1 große Zwiebel
Olivenöl extra vergine
Salz
Pfeffer

1 Zwiebel fein hacken. Safranfäden in Weißwein einweichen, bis der Wein eine satte gelbe Farbe angenommen hat.

2 Feigen in Spalten schneiden. Hühnerkeulen salzen und pfeffern, mit den anderen Zutaten in einen Bräter geben und mit Olivenöl beträufeln. Bei 160 °C 50–60 Minuten braten.

glutenfrei / vegetarisch

Artischocken-Zitronen-Risotto

150 g Zwiebeln
300 g Risottoreis
1 Bio-Zitrone
350 g Artischocken (eingelegt in Öl)
100 g Parmesan
1 Bund Petersilie
Olivenöl extra vergine
Salz
Pfeffer
ca. 1 l Gemüsesuppe (je nach Reissorte, Packungsanleitung beachten)

1 Zwiebeln schälen. Parmesan reiben. Petersilie und Zwiebeln hacken. Zwiebeln in Olivenöl anschwitzen, Risottoreis beifügen und mit Gemüsesuppe aufgießen. Einen Schuss Zitronensaft hineingießen und auf kleiner Flamme köcheln lassen, bis der Reis gar, aber noch bissfest ist. Immer wieder umrühren.

2 Artischocken vierteln und unter das Risotto rühren. Parmesan und Petersilie daruntermischen und mit dem Abrieb der Zitronenschale, Salz und Pfeffer aromatisieren. Heiß servieren.

TIPP *Dazu passt ein knackiger Blattsalat.*

glutenfrei / laktosefrei / histaminarm

Karotten-Weißkraut-Reis mit Rinderfaschiertem

180 g Parboiled-Reis
360 ml Wasser
400 g Rinderfaschiertes (Gehacktes) vom Bio-Rind
135 g Karotten
2 Jungzwiebeln (Frühlingszwiebeln)
150 g Weißkraut (Weißkohl)
Olivenöl extra vergine
1 Bund Petersilie
Salz
Pfeffer

1 Reis weich dämpfen.

2 Karotten schälen und grob raspeln. Weißkraut in feine Streifen schneiden. Jungzwiebeln in feine Scheiben schneiden. Petersilie hacken. Olivenöl erhitzen und weiße Teile der Jungzwiebeln, Kraut und Karotten darin ansautieren.

3 Faschiertes beifügen und alles dünsten, bis es weich ist.

4 Gedämpften Reis dazugeben, alles durchrühren und mit Petersilie, den grünen Teilen der Jungzwiebeln, Salz und Pfeffer würzen.

glutenfrei / laktosefrei / histaminarm / vegan

Kartoffelvariationen

Kümmelkartoffeln

1 kg festkochende Kartoffeln
1 Handvoll Kümmel
Olivenöl extra vergine
Salz

1 Kartoffeln waschen und halbieren. Mit Kümmel und Olivenölvermischen, salzen und auf einem Backblech verteilen.

2 Im vorgeheizten Backofen bei 200 °C 25–30 Minuten backen.

TIPP *Ofenkartoffeln schmecken auch mit Sesam oder Paprika bestreut hervorragend.*

glutenfrei / laktosefrei / histaminarm / vegan

Aniskartoffeln

1 kg festkochende Kartoffeln
4 Lorbeerblätter
8 Knoblauchzehen
1 TL Anissamen
Meersalz
Olivenöl extra vergine

1 Kartoffeln waschen und je nach Größe halbieren oder vierteln. In einer Schüssel mit den Lorbeerblättern, angedrückten Knoblauchzehen (samt Schale), Anissamen, Salz und Olivenöl vermischen.

2 Im Rohr unter mehrmaligem Wenden bei 200 °C rund 25–30 Minuten backen.

vegetarisch

Senf-Joghurt-Kartoffeln

1 kg mehlige Kartoffeln
Dijonsenf
Olivenöl extra vergine
Meersalz
Pfeffer aus der Mühle
100 ml Joghurt

1 Die Kartoffeln schälen und im Topf mit Dämpfeinsatz weich dämpfen. Anschließend etwas von dem Dämpfwasser hineingeben und mit dem Kartoffelstampfer zerdrücken.

2 Senf und Olivenöl einrühren, Joghurt beifügen und mit Salz und Pfeffer aus der Mühle abschmecken.

glutenfrei

Marinierte Hühnerbrust mit Schafskäse auf Gemüsebett

1 Hühnerbrust
Salz
1 TL Kreuzkümmel
1 TL Kurkuma (Gelbwurz)
1 TL edelsüßes Paprikapulver
Olivenöl extra vergine
2 Tomaten
1 Salatgurke
1 rote Zwiebel
2 Jungzwiebeln (Frühlingszwiebeln)
250 g Rucola
1 Bund Petersilie
200 g milder Schafskäse
Saft von 1 Bio-Zitrone

1 Die Hühnerbrust in Streifen schneiden, salzen und mit Kreuzkümmel, Kurkuma, Paprika und gutem Olivenöl mindestens 1 Stunde marinieren.

2 Tomaten und Gurke in mundgerechte Stücke schneiden. Rote Zwiebel schälen und in Streifen schneiden. Jungzwiebeln waschen und den grünen Teil in Röllchen schneiden. Rucola waschen und etwas zerkleinern. Petersilie waschen und abzupfen.

3 Den Schafskäse in Würfel schneiden.

4 Nun die Gurken und Tomaten sowie die roten Zwiebelstücke und die marinierten Hühnerstreifen mit einem Dämpfeinsatz oder im Dampfgarer so lange dämpfen, bis die Hühnerstücke weich sind (etwa 5 Minuten).

5 Dann auf einem flachen Teller Rucola, Petersilie, Jungzwiebeln und das gedämpfte Gemüse anrichten. Die Hühnerstücke und den Schafskäse darauf verteilen und alles mit Olivenöl, etwas Salz und Zitronensaft marinieren.

laktosefrei / glutenfrei

Hühnerbrust mit Papaya

2 Hühnerbrüste
700 g Papaya
150 g Zwiebeln
1 EL mildes Currypulver
1 kleine Tasse Hühnerfond (-brühe)
Olivenöl extra vergine
Salz
Pfeffer

1 Hühnerbrüste in Würfel schneiden. Zwiebeln schälen und fein hacken. Papaya schälen, Kerne entfernen und ebenfalls in Würfel schneiden.

2 Zwiebeln in etwas Olivenöl ansautieren, Curry beifügen, kurz mitrösten und anschließend die Hühnerbrust dazugeben. Mit etwas Suppe aufgießen und weich dünsten. Gegen Ende der Garzeit Papaya daruntermischen, kurz mitdünsten und heiß servieren.

Zur Pflege der *Darm*flora

glutenfrei / laktosefrei

Sauerkrautsuppe mit Karpfenfilet

200 g Zwiebeln
400 g Sauerkraut
4 Knoblauchzehen
200 g Kartoffeln
2 Lorbeerblätter
10 Wacholderbeeren
2 TL gemahlener Kümmel
2 EL Rosenpaprika
2 EL Tomatenmark
Salz
Pfeffer aus der Mühle
300 g Karpfenfilet
Olivenöl extra vergine
1 l Gemüsesuppe

1 Zwiebeln und Knoblauch schälen, fein hacken und in Olivenöl ansautieren. Anschließend Hitze reduzieren. Paprizieren und gut durchrühren.

2 Tomatenmark untermischen, kurz mitrösten und das Sauerkraut beifügen. Mit Suppe aufgießen und mit Kümmel, Wacholder, Lorbeer, Salz und Pfeffer würzen.

3 Kartoffeln schälen, in kleine Würfel schneiden und zur Suppe geben. Die Suppe 35–40 Minuten auf kleiner Flamme köcheln lassen.

4 Kurz vor Ende der Garzeit den Karpfen in Streifen schneiden, zur simmernden Suppe geben und ein paar weitere Minuten ziehen lassen. Heiß servieren.

glutenfrei / laktosefrei / vegan

Rote Zwiebelsuppe mit Sherry

600 g rote Zwiebeln
1,2 l Gemüsesuppe
8 cl trockener weißer Sherry
1 Lorbeerblatt
2 Zweige frisches Bohnenkraut
2 Zweige frischer Oregano
1 TL Fenchelsamen
1 TL Kümmel
5 Wacholderbeeren
Salz, Pfeffer
1 Schuss Sherryessig
Olivenöl extra vergine
1 Teefilter
(oder Stoffsäckchen)
für die Gewürze

1 Zwiebeln schälen und schneiden, in Olivenöl ansautieren und mit Gemüsesuppe und Sherry aufgießen.

2 Die Gewürze in einen Teefilter geben und diesen in der Suppe mitkochen, bis die Zwiebeln weich sind. Ca. 20 Minuten köcheln lassen. Mit einem Schuss Sherryessig, Salz und Pfeffer abschmecken. Gewürzsäckchen entfernen und heiß servieren.

glutenfrei / laktosefrei / vegan

Topinambur-Spargel-Suppe

500 g Topinambur
500 g weißer und/oder grüner Spargel
Abrieb von 1 Bio-Zitrone
1 Prise gemahlene Muskatblüte
700 ml Gemüsesuppe
1 Schuss kräftiges Olivenöl
Salz
Pfeffer aus der Mühle

1 Topinambur und Spargel schälen, in Stücke schneiden und mit Suppe in einem Topf erhitzen. Ca. 25 Minuten auf kleiner Flamme köcheln.

2 Mit Zitronenabrieb, Muskatblüte, Olivenöl, Salz und Pfeffer würzen und anschließend pürieren. Heiß servieren.

glutenfrei / laktosefrei / vegan

Pikantes Ingwer-Sauerkraut mit Karotten und Szechuanpfeffer

600 g Sauerkraut
200 g Karotten
1 cm frischer Ingwer
1 kleine Chili
2 EL Olivenöl extra vergine
2 EL Sesamöl
4 EL Reisessig
1 EL Rohrohrzucker
Salz
Szechuanpfeffer

1 Ingwer fein hacken oder raspeln. Chili entkernen und in hauchdünne Streifen schneiden. Karotten schälen und grob raspeln. Sauerkraut dazugeben, alles vermischen und mit Reisessig, Olivenöl, Sesamöl, Zucker, Salz und Szechuanpfeffer abschmecken.

2 Im Kühlschrank mindestens 2 Stunden durchziehen lassen und anschließend zimmerwarm servieren.

glutenfrei / laktosefrei / vegan

Chicorée-Chinakohl-Salat mit Walnüssen und Jungzwiebeln

1 Chicorée
1 kleiner Chinakohl
3 Jungzwiebeln (Frühlingszwiebeln)
1 Handvoll Walnüsse
Walnussöl
1 Bio-Zitrone
Salz
Pfeffer

1 Gemüse waschen und schneiden. Nüsse in einer Pfanne ohne Öl kurz anrösten, bis sie duften. Salat, Jungzwiebeln und Nüsse auf einem Teller anrichten.

2 Aus Walnussöl, Saft und Abrieb einer Zitrone, Salz und Pfeffer ein Dressing rühren und über den Salat gießen.

glutenfrei / laktosefrei / vegan

Zucchini-Melanzani-Cocktail mit Pinienkernen und Oregano

1 große Zwiebel
2 mittelgroße Melanzani (Auberginen)
2 kleine gelbe Zucchini
1 Handvoll Pinienkerne
1 EL Oregano
1 Bund frischer Oregano
50 g Pinienkerne
Salz
Pfeffer aus der Mühle
Olivenöl extra vergine

1 Gemüse waschen und in Würfel schneiden. Zwiebel schälen und hacken. Gemüsewürfel mit etwas Olivenöl beträufeln und im Backofen bei 200 °C 30 Minuten backen.

2 Zwiebel und Pinienkerne in etwas Olivenöl anbraten, das gebackene Gemüse beifügen und mit Oregano, Salz und Pfeffer würzen.

3 Kurz vor dem Anrichten frisch gezupften Oregano daruntermischen und in Cocktailgläsern servieren.

laktosefrei / vegan

Gedämpfter Topinambur-Salat mit Estragon-Senf-Dressing und Jungzwiebeln

500 g Topinambur
6 EL Olivenöl extra vergine
4 TL Dijonsenf
Saft und Abrieb von 1 Bio-Zitrone
Pfeffer aus der Mühle
1 Bund frischer Estragon
3 Jungzwiebeln (Frühlingszwiebeln)

1 Topinambur schälen und in Scheiben schneiden. Ca. 10–12 Minuten in einem Topf mit Dämpfeinsatz (oder im Dampfgarer) weich dämpfen.

2 Für das Dressing Olivenöl mit Dijonsenf verrühren, mit Salz, Pfeffer, Zitronensaft und Zitronenschalenabrieb würzen. Estragon waschen und fein hacken. Jungzwiebeln waschen und in Ringe schneiden.

3 Die frisch gegarten, noch warmen Topinamburscheiben mit dem Dressing überziehen, Estragon und Jungzwiebeln daruntermischen, etwas durchziehen lassen und lauwarm oder kalt servieren.

TIPP *Passt hervorragend zu gegrilltem Fisch oder Geflügel.*

Darm reinigend und Krebs vorbeugend

glutenfrei / laktosefrei / vegan

Rote Linsensuppe mit Kurkuma und Ingwer

1 Knoblauchzehe
2 Schalotten
1/2 cm Ingwer
1 Karotte
150 g rote Linsen
750 ml Wasser
1 Spritzer Tamari
1 Spritzer Zitronensaft
2 TL Kukurma (Gelbwurz)
2 TL süßes Curry
3 TL gekörnte Gemüsesuppe
Salz
Pfeffer aus der Mühle
Olivenöl extra vergine

1 Linsen waschen. Knoblauch, Schalotten, Karotte und Ingwer schälen und klein schneiden. Schalotten, Knoblauch und Ingwer in etwas Olivenöl anrösten. Karotten und Linsen beifügen.

2 Mit Kurkuma, Currypulver und Suppenpulver würzen, etwas mitrösten und mit Wasser aufgießen.

3 35 Minuten auf kleiner Flamme kochen. Anschließend pürieren und mit Tamari, Zitronensaft, Salz und Pfeffer abschmecken. Heiß servieren.

glutenfrei / laktosefrei / vegan

Kudzu-Gemüsesuppe

1 EL Kudzu
150 g gemischte Asiapilze
1 kleine Karotte
1 cm frischer Ingwer
1 l Wasser
1 Stk. Wakame (Alge)
1 TL Tamari
1 TL Umeboshi-Paste
(im Reformhaus erhältlich)
1/2 Bund Petersilie
1 EL Schnittlauchröllchen

1 Gemüse waschen bzw. Pilze putzen und klein schneiden. Den Ingwer schälen und in Scheiben schneiden.

2 Wasser in einem Topf zum Kochen bringen. Pilze, Petersilie und Karotten nun ins kochende Wasser einlegen, Ingwer und ein Stück Alge beifügen. So lange kochen, bis das Gemüse weich, aber noch bissfest ist. Mit Tamari und Umeboshi-Paste abschmecken.

3 Kudzu in wenig kaltem Wasser auflösen und die Suppe damit binden. Nur kurz aufwallen lassen, mit Schnittlauch garnieren und sofort servieren.

INFO

Kudzu ist ein geschmacksneutrales pflanzliches Stärkemehl zum Binden und Eindicken von Saucen und Suppen und hat eine gute Wirksamkeit auf Magen und Darm. Es muss in kaltem Wasser aufgelöst werden und soll nicht lange kochen. Kudzu bekommen Sie im Bioladen und in manchen Asia-Shops. Sie sollten unbedingt auf eine gute – möglichst biologische – Qualität achten.

glutenfrei / laktosefrei / vegan

Chinakohl-Salat mit gerösteten Hanfsamen

1 Chinakohl
1 rote Zwiebel
1 Handvoll Hanfsamen (im Reformhaus oder Bioladen erhältlich)
1 Schuss Hanfsamenöl
1 Schuss Apfelessig
Salz
weißer Pfeffer

1 Chinakohl waschen und feinnudelig schneiden. Zwiebel schälen und fein schneiden. Hanfsamen in einer Pfanne ohne Öl trocken rösten, bis sie duften.

2 Das geschnittene Gemüse in einer Salatschüssel vermischen und aus Hanfsamenöl, Apfelessig, Salz und Pfeffer ein Dressing zubereiten. Über den Salat gießen und kräftig durchmischen.

3 Mit den gerösteten Hanfsamen bestreuen und servieren.

TIPP *Passt hervorragend zu gegrilltem Fisch oder Geflügel.*

INFO *Hanfsamen beinhalten eine Vielfalt an Vitalstoffen und haben ein optimales Verhältnis von Omega-3- zu Omega-6-Fettsäuren.*

glutenfrei / laktosearm / vegetarisch

Gedämpfte Hirse-Knödelchen auf Curry-Kohl

150 g Hirse
300 ml Gemüsesuppe
1 Fenchelknolle
2 Karotten
2 Knoblauchzehen
2 Eier
1 TL Kreuzkümmel
1 Bund Petersilie
70 g Parmesan
1 Prise Muskatnuss
Salz
Pfeffer aus der Mühle
1 Grünkohl
1 EL Curry
Olivenöl extra vergine

1 Hirse mit heißem Wasser überbrühen und waschen. Anschließend mit der doppelten Menge Suppe weich dämpfen.

2 Fenchel waschen und klein schneiden. Karotten schälen und grob raspeln. Knoblauch schälen und fein hacken. Das Gemüse in etwas Olivenöl kurz in der Pfanne ansautieren. Die gedämpfte Hirse etwas überkühlen lassen und mit dem sautierten Gemüse vermischen.

3 Eier darunterrühren und Parmesan hineinreiben. Petersilie hacken und beifügen. Mit Muskat, Kreuzkümmel, Salz und Pfeffer würzen. Nun kleine Knödelchenformen und über Dampf 20 Minuten garen.

4 Den Kohl in feine Streifen schneiden und in Olivenöl ansautieren, Curry beifügen und mit einem Schluck Wasser oder Suppe etwas aufgießen. Auf kleiner Flamme weich dünsten und mit Salz und Pfeffer abschmecken.

5 Die Knödelchen mit etwas Olivenöl beträufeln und auf dem Currykohl heiß servieren.

glutenfrei / laktosefrei

Kurkuma-Hühnersuppe mit Karotten und Chinakohl

1 l Wasser
Hühnerkarkasse
2 TL Kurkuma (Gelbwurz)
2 Karotten
2 Chinakohlblätter
1 Hühnerbrust
1 Jungzwiebeln (Frühlingszwiebeln)
1 Scheibe Ingwer
1 Schuss Tamari

1 Wasser aufstellen und Hühnerkarkasse mit Ingwerscheiben mindestens 2 Stunden auskochen lassen.

2 Karotten schälen und mit dem Julienne-schneider in ganz dünne Streifen schneiden. Chinakohlblätter in dünne Streifen schneiden. Jungzwiebeln in Scheiben schneiden. Hühnerbrust in Würfel schneiden.

3 Die ausgekochten Karkassen abseihen und in der heißen Suppe Hühnerwürfel, Karotten und Chinakohl garen. Jungzwiebeln dazugeben, mit Kurkuma würzen und mit Tamari abschmecken.

Ballaststoffreiches bei träger Verdauung

laktosefrei

Dinkel-Bulgur-Salat mit Thunfisch, Zitrone und Salzkapern

120 g Dinkel-Bulgur
oder Weizen-Bulgur
(erhältlich im Reformhaus
oder Bioladen)
240 ml kochendes Wasser
3–4 TL Salzkapern
1 Dose weißer Thunfisch
aus nachhaltiger Fischerei
Abrieb und Saft von 1/2 Bio-Zitrone
2 Knoblauchzehen
1 Bund Petersilie
Olivenöl extra vergine
Salz
Pfeffer aus der Mühle

1 Wasser kochen. Bulgur damit übergießen und 20 Minuten zugedeckt ausquellen lassen.

2 Knoblauch schälen, fein hacken und mit Thunfisch, Bulgur und Kapern vermengen. Mit dem Abrieb und dem Saft einer halben Zitrone sowie Olivenöl marinieren und je nach Geschmack mit Salz und Pfeffer würzen. Petersilie fein hacken und daruntermischen.

3 Im Kühlschrank mindestens 20 Minuten durchziehen lassen und anschließend bei Zimmertemperatur servieren.

Die Salzkapern sind bereits sehr salzig – daher ist Vorsicht geboten beim weiteren Abschmecken mit Salz.

glutenfrei / laktosefrei

Vollkorn-Reisfleisch mit Huhn und Kümmel

300 g ausgelöste Bio-Hühnerbrust
2 Zwiebeln
2 Knoblauchzehen
Olivenöl extra vergine
250 g Vollkorn-Langkornreis
2 EL mildes Paprikapulver
2 TL gemahlener Kümmel
2 TL Tomatenmark
Salz
Pfeffer aus der Mühle
1 kleiner Bund Petersilie

1 Zwiebeln und Knoblauch schälen und in Olivenöl goldgelb braten. Paprika und Tomatenmark dazugeben und kurz mitbraten.

2 Reis waschen und beifügen und je nach Reissorte mit rund der doppelten Menge Wasser oder Suppe aufgießen. Gemahlenen Kümmel beifügen, aufkochen lassen und anschließend auf kleinster Flamme ca. 1 Stunde (Packungsanleitung beachten!) weich dünsten.

3 Hühnerfleisch in kleine Würfel schneiden. 20 Minuten vor Ende der Garzeit das Hühnerfleisch beifügen, alles gut durchrühren und mit Salz und Pfeffer abschmecken. Kurz vor dem Anrichten Petersilie hacken und untermischen. Mit einem Anrichtering kleine Zylinder formen, mit frischen Blüten oder Kräutern dekorieren und heiß servieren.

TIPP

Dazu passt hervorragend Chinakohl mit gerösteten Hanfsamen (siehe Rezept Seite 75).

laktosefrei / vegan / histaminarm

Gewürz-Chapatis

500 g Dinkel-Vollkornmehl
250 ml Wasser
1 ML gemahlener Koriander
1/2 ML gemahlener Kardamom
2 TL Salz
2 EL Olivenöl extra vergine

1 Alle Zutaten 10–15 Minuten mit der Hand oder der Küchenmaschine zu einem festen Teig kneten. Den Teig im Anschluss mindestens 1 Stunde (oder einfach über Nacht) zugedeckt rasten lassen. Anschließend Golfball-große Kugeln daraus entnehmen und mit dem Nudelwalker zu dünnen Fladen ausrollen.

2 In einer gusseisernen oder beschichteten Pfanne – ohne Fett – unter mehrmaligem Wenden bei mittlerer Hitze (Achtung: Nicht zu kühl und nicht zu heiß!) Chapatis backen.

TIPP *Dieses vollwertige Fladenbrot eignet sich als Beilage zu diversen Currygerichten oder als gesunder Snack mit Gemüseaufstrichen und Salaten.*

glutenfrei / laktosefrei / vegan / histaminarm

Gedämpfte Pastinaken mit Petersilie

500 g Pastinaken
1 Schuss Olivenöl extra vergine
1 Bund Petersilie
Salz, Pfeffer

1 Pastinaken schälen, in Scheiben schneiden und dämpfen.

2 Mit gehackter Petersilie und Olivenöl vermengen und mit Salz und Pfeffer abschmecken.

TIPP *Als leichte Abendmahlzeit oder Beilage zu Fisch und Geflügel gut geeignet.*

INFO *Pastinaken sind ein wohlschmeckendes Wintergemüse und durch das Dämpfen schonend und wohltuend für Magen und Darm. Die natürliche Süße vermindert zudem den Gusto auf Zucker und Schokolade.*

glutenfrei / vegetarisch

Gebackene Hirselaibchen und Schnittlauchdip

150 g Hirse
300 ml Gemüsesuppe
1 Fenchelknolle
2 Karotten
2 Knoblauchzehen
2 Eier
1 TL Kreuzkümmel
1 Bund Petersilie
70 g Parmesan
1 Prise Muskat
Olivenöl extra vergine

Für den Dip:
250 ml Sauerrahm (saure Sahne)
1 Bund Schnittlauch
Salz
Pfeffer aus der Mühle

1 Hirse mit heißem Wasser überbrühen und waschen. Anschließend mit der doppelten Menge Suppe weich dämpfen.

2 Fenchel waschen und klein schneiden. Karotten schälen und grob raspeln. Knoblauch schälen und fein hacken. Das Gemüse in etwas Olivenöl kurz in der Pfanne ansautieren.

3 Die gedämpfte Hirse etwas überkühlen lassen und mit dem sautierten Gemüse vermischen. Eier darunterrühren und Parmesan hineinreiben. Petersilie hacken und beifügen. Mit Muskat, Kreuzkümmel, Salz und Pfeffer abschmecken.

4 Kleine Laibchen formen, mit Olivenöl beträufeln und im vorgeheizten Backofen bei 200 °C 25 Minuten backen.

5 Für den Dip Schnittlauch in kleine Rölchen schneiden, in den Rahm einrühren und mit Salz und Pfeffer abschmecken.

6 Die Laibchen mit dem Schnittlauchdip servieren.

glutenfrei / laktosefrei / vegan / histaminarm

Vollwert-Zucchini-Risotto mit weißem Strauchbasilikum

1 Tasse Vollkorn-Langkornreis (ca. 250 g)
2 Tassen Wasser bzw. Gemüsesuppe (à 250 ml)
1 mittelgroße Zucchini
2 Knoblauchzehen
1 rote Zwiebel
Salz
bunter Pfeffer aus der Mühle
Olivenöl extra vergine
1 Handvoll frisches weißes Strauchbasilikum (alternativ: klassisches Basilikum)

1 Zwiebel und Knoblauch schälen und fein hacken. Zucchini schälen und in kleine Würfel schneiden.

2 Reis waschen und je nach Sorte rund 40–45 Minuten in der doppelten Wasser- bzw. Suppenmenge weich dämpfen.

3 Zwiebel und Knoblauch in etwas Olivenöl glasig dünsten. Zucchiniwürfel beifügen. Mit Salz und Pfeffer abschmecken.

4 Den gedämpften Reis beifügen und alles noch wenige Minuten weiterbraten. Kurz vor dem Anrichten Basilikum in Streifen schneiden und unter das Risotto rühren.

TIPP *Mit frischem Blattsalat servieren.*

vegetarisch

Dinkel-Spinat-Gröstl mit Schafskäse

200 g Dinkelkörner
300 g Blattspinat
130 g Schalotten
5 Knoblauchzehen
150 g Schafskäse
Olivenöl extra vergine
Salz
Pfeffer aus der Mühle

1 Dinkel über Nacht einweichen und anschließend 30 Minuten weich kochen.

2 Den Spinat waschen, verlesen und dicke Stielenden abschneiden. In breite Streifen schneiden.

3 Schalotten und Knoblauch schälen und in feine Streifen bzw. Scheiben schneiden. In Olivenöl ansautieren, dann gekochte Dinkelkörner beifügen. Den Blattspinat beifügen und nur so lange mitgaren, bis er zusammenfällt.

4 Schafskäse zerrebeln oder in Würfel schneiden. Das Gröstl mit Salz und Pfeffer abschmecken und mit den Schafskäsestücken servieren.

vegetarisch

Dinkel-Krautfleckerln mit Kräuter-Joghurt-Sauce und Schnittlauchdip

400 g Dinkel-Vollkornfleckerln
1 Kopf Weißkraut (Weißkohl)
2 Zwiebeln
1 EL Rohrohrzucker
Salz
Pfeffer aus der Mühle
gemahlener Kümmel
Olivenöl extra vergine

Für die Sauce:
250 ml Joghurt
1 Bund frische Kräuter
Salz
Pfeffer

1 Die Dinkel-Vollkornfleckerln al dente kochen. Zwiebeln schälen und fein hacken. Die äußeren Blätter und den Strunk vom Weißkraut entfernen und das Kraut in feine Streifen schneiden.

2 Zwiebeln in Olivenöl ansautieren, Rohrzucker beifügen und etwas karamellisieren lassen. Das Kraut beifügen und so lange mitrösten, bis es glasig und weich ist. Anschließend die gekochten und abgetropften Fleckerln beifügen, weiterbraten und mit Kümmel, Salz und Pfeffer würzen.

3 Für die Joghurtsauce Joghurt mit gehackten Kräutern verrühren und mit Salz und Pfeffer abschmecken.

4 Die Krautfleckerln mit der Sauce servieren.

vegetarisch

Oliven-Dinkel-Lasagne mit Schafskäse

1 Zwiebel
1 Zucchini
3 Knoblauchzehen
Olivenöl extra vergine
1 EL getrocknetes Basilikum
1 EL getrocknetes Oregano
1 TL Rosmarin
600 g Polpa (sonnengereifte Tomaten aus dem Glas oder der Dose)
100 g entkernte Oliven, schwarz und grün gemischt
150 g Schafskäse
30 g Dinkel-Vollkornmehl
1 Packung Dinkel-Lasagneblätter (erhältlich im Bio-Laden oder Reformhaus)
300 ml Soja-Reismilch (alternativ: reine Sojamilch oder Reismilch)
1 TL Gemüsesuppenwürze
1 Prise Muskat
Salz
Pfeffer aus der Mühle

1 Zwiebel und Knoblauch schälen, hacken und in Olivenöl ansautieren. Zucchini waschen, schälen, in Würfel schneiden und zu den Zwiebeln geben. Oliven je nach Größe halbieren oder in breitere Ringe schneiden und gleichfalls hinzufügen. Polpa dazugießen und etwas einkochen lassen. Mit Basilikum, Oregano, Rosmarin, Salz und Pfeffer abschmecken und beiseitestellen.

2 Für die Dinkel-Bechamel-Sauce ca. 4 EL Olivenöl erhitzen. Dinkelmehl und Suppenwürze beifügen und kurz anrösten, bis das Mehl beginnt, sich einzudicken. Anschließend mit Soja-Reismilch aufgießen. Mit dem Schneebesen gut verrühren, damit sich keine Klumpen bilden. Falls die Konsistenz zu dick wird, noch etwas Soja-Reismilch angießen. Mit Muskat, Salz und Pfeffer abschmecken.

3 Nun die Lasagneblätter abwechselnd mit der Oliven-Tomaten-Sauce in eine Auflaufform schichten. Den oberen Abschluss bildet eine Schicht Dinkel-Bechamel-Sauce.

4 Mit gerebeltem Schafskäse bestreuen und im Backofen je nach Packungsangabe des Nudelherstellers bei 200 °C ca. 45 Minuten backen.

5 Etwas auskühlen lassen, in Portionen schneiden und mit gartenfrischem Salat servieren.

Bei schwacher Verdauung

glutenfrei / laktosefrei / vegan

Reis-Congee-Variationen

Grundrezept

Vollkornreis und Wasser im Verhältnis 1:10 für rund 4 bis 5 Stunden auf kleiner Flamme kochen, bis der Reis vollständig zerkocht ist und eine sämige Konsistenz entsteht.

TIPP *Diesen Brei können Sie in Schraubgläsern bis zu einer Woche im Kühlschrank aufbewahren und in verschiedenen Variationen abwandeln bzw. weiterverarbeiten.*

glutenfrei / laktosefrei / vegan

Steinpilz-Congee

100 g getrocknete Steinpilze
250 ml Gemüsesuppe
1 Schluck trockener Weißwein
800 ml Reis-Congee
1 Scheibe Ingwer
1 Stück Wakame (Alge)
Salz, Pfeffer
1/2 Bund Petersilie

1 Für das Reis-Congee Vollkornreis wie im Grundrezept angegeben vorbereiten.

2 Mit Gemüsesuppe und einem Stück Alge zum Kochen bringen. Etwas Weißwein beifügen und die Hälfte der gehackten Petersilie einstreuen.

3 Getrocknete Steinpilze und Ingwer dazugeben und köcheln lassen. Mit Salz und Pfeffer würzen, mit der restlichen Petersilie bestreuen und heiß servieren.

glutenfrei / laktosefrei / vegetarisch

Vanille-Congee

800 ml Reis-Congee
Mark einer Bourbon-Vanilleschote
Honig zum Süßen

1 Wie im Grundrezept angegeben ein Congee herstellen. Mit Vanille und Honig abschmecken.

TIPP *Ein süßes Congee ist eine gute Alternative zu Schokolade und Torten bei Heißhunger auf Süßes.*

glutenfrei / laktosefrei / vegetarisch

Apfel-Zimt-Congee

1–2 süße Äpfel
2 EL Rosinen
800 ml Reis-Congee
1 Prise gemahlener Zimt
4 Stück Gewürznelken
Honig

1 Vollkornreis mit Wasser wie im Grundrezept angegeben zubereiten.

2 Äpfel schälen und in kleine Würfel schneiden. Mit den Gewürznelken und den Rosinen zum neutralen Reis-Congee geben und so lange kochen lassen, bis die Äpfel weich sind.

3 Nach Geschmack mit Honig süßen und mit Zimt bestreut servieren.

glutenfrei / laktosefrei / vegan

Rote-Rüben-Congee mit Kren und gerösteten Walnüssen

2 Schöpfer Gemüsesuppe
2 EL Walnüsse
800 ml Reis-Congee
2 cm frisch geriebener Kren (Meerrettich)
Salz
1 Spritzer Essig
2 große vorgekochte Rote Rüben (Rote Beten)

1 Für das Reis-Congee Vollkornreis wie im Grundrezept angegeben vorbereiten.

2 Die vorgekochten Roten Rüben in kleine Würfel schneiden. Walnüsse in kleine Stücke hacken.

3 Gemüsesuppe in einem Topf am Herd erwärmen. Reis-Congee und geriebenen Kren beifügen. Mit Salz und einem Spritzer Essig würzen und die gewürfelten Roten Rüben beifügen. Etwas köcheln lassen und immer wieder umrühren, damit nichts anbrennt.

4 Gehackte Walnüsse in einer heißen Pfanne ohne Öl trocken rösten. Heißes Rote-Rüben-Congee in Schalen anrichten und die gerösteten Walnüsse darüberstreuen.

glutenfrei / laktosefrei / vegan

Rettichsalat mit Umeboshi-Würze

1 weißer Rettich
1 Handvoll schwarzer Sesam
Salz
1 Schuss Umeboshi-Würze (im Bioladen oder Reformhaus erhältlich)

1 Rettich schälen und grob rapseln.

2 Einsalzen und mindestens 1 Stunde stehen lassen.

3 Anschließend mit einen Schuss Umeboshi-Würze abschmecken, mit schwarzem Sesam bestreuen und servieren.

TIPP *Der Salat ist schnell zubereitet und passt hervorragend zu Fisch und Getreidegerichten.*

INFO *Umeboshi ist ein wertvolles Würzmittel der makrobiotischen Küche, das aus milchsauer vergorenen Pflaumen hergestellt wird. Umeboshi-Pflaumen haben einen hohen Gehalt an Proteinen und Mineralstoffen und werden in der ganzheitlichen Nahrungsmedizin gerne zur Stärkung von Magen und Darm verwendet.*

glutenfrei / laktosefrei / vegan

Sommerliche Miso-Minestrone

1,5 l Wasser
150 g Karotten
150 g Fisolen (Grüne Bohnen)
1 kleine Zwiebel mit Schale
3 Knoblauchzehen mit Schale
200 g bunte sonnengereifte Tomaten
1 kleine Melanzani (Aubergine)
1/4 Sellerieknolle
3 Stück Stangensellerie
1 Bund frische Kräuter (z. B. Petersilie, Liebstöckel, Basilikum, Oregano ...)
1 Lorbeerblatt
4 EL Miso
1 Klecks Tomatenmark
Tamari
Pfeffer aus der Mühle
1 Schuss Olivenöl extra vergine
Salz

1 Gemüse und Kräuter waschen. Fisolen in schräge mundgerechte Stücke schneiden, Tomaten vom Strunk befreien. Melanzani und Sellerie würfeln. Karotten schälen und in Scheiben schneiden. Stangensellerie ebenso zerkleinern.

2 Das Gemüse in einem Topf mit Wasser auf den Herd stellen, frische Kräuter zusammenbinden und dazugeben. Lorbeerblatt beifügen und etwas salzen. Einmal aufkochen lassen und anschließend bei kleiner Flamme langsam so lange köcheln, bis das Gemüse gar, aber noch bissfest ist.

3 Von der heißen Suppe ca. 1/8 Liter entnehmen und Misopaste sowie Tomatenmark darin auflösen. Diese Flüssigkeit anschließend wieder in die Suppe gießen, aber nicht mehr kochen lassen. Mit Tamari und einem Schuss gutem Olivenöl und Pfeffer abschmecken. Heiß servieren.

glutenfrei / laktosefrei / vegan

Kartoffel-Karotten-Suppe

220 g Süßkartoffeln
300 g Karotten
1 Scheibe Ingwer
1 Schalotte
1 l Gemüsesuppe
1 TL Kurkuma
1/4 TL gemahlener Kardamom
1/2 TL Galgant
1 TL Kreuzkümmel
1 Schuss Tamari
1 Spritzer Zitronensaft
Salz, Pfeffer
1 Schuss Olivenöl extra vergine

1 Süßkartoffeln, Karotten, Schalotte und Ingwer schälen und alles grob zerkleinern.

2 Einen Topf Gemüsesuppe erhitzen, Gemüse und Gewürze beifügen und weich kochen.

3 Pürieren und mit Tamari, Zitronensaft, Salz, Pfeffer und Olivenöl abschmecken.

glutenfrei / vegetarisch

Papaya-Kürbis-Cremesüppchen mit Galgant

500 g Butternusskürbis
500 g Papaya
150 g Zwiebeln
2 EL Bio-Suppenwürze
1,5 TL getrockneter und gemahlener Galgant
750 ml Wasser
50 ml Obers (Sahne)
1 Schuss Worcestershiresauce
1 Schuss Tamari
Salz
Olivenöl extra vergine

1 Kürbis und Papaya schälen und in Würfel schneiden. Zwiebeln schälen, grob hacken und in Olivenöl glasig dünsten. Kürbis- und Papayastücke beifügen, Suppenwürze und Galgant dazugeben, kurz mitrösten und mit Wasser aufgießen.

2 20 Minuten kochen, anschließend pürieren und mit Worcestershiresauce, Tamari und Salz abschmecken. Zum Schluss das Obers einmixen und heiß servieren.

TIPP *Bei Laktoseintoleranz Obers weglassen!*

glutenfrei / laktosefrei / vegetarisch

Suppiger Karotten-Tofu-Gewürztopf

4 Karotten
350 g Räuchertofu
200 g Zwiebeln
20 g frischer Ingwer
4 Knoblauchzehen
1 EL Butterschmalz oder Ghee
2 gehäufte TL Garam Masala
2 TL Kurkuma
1 TL gemahlene Senfsaat
1 Msp. Asa foetida
500 ml Gemüsesuppe
2 Jungzwiebeln
(Frühlingszwiebeln)
Salz, Pfeffer

1 Karotten schälen und in schräge Scheiben schneiden. Zwiebeln, Knoblauch und Ingwer schälen. Zwiebeln und Knoblauch hacken, Ingwer grob reiben. Butterschmalz in der heißen Pfanne schmelzen und Gewürze hineingeben und anrösten, bis diese duften (Vorsicht: Nicht zu heiß, damit nichts anbrennt!).

2 Anschließend Zwiebeln, Knoblauch und Ingwer beifügen und alles kurz mitrösten. Karotten dazugeben und mit Gemüsesuppe aufgießen. Das Gemüse langsam gar köcheln.

3 Tofu in Würfel schneiden. Kurz vor Ende der Garzeit Jungzwiebeln in schräge Scheiben schneiden und gemeinsam mit dem Tofu dazugeben. Mit Salz und Pfeffer abschmecken.

glutenfrei / vegetarisch

Gebackener Hokkaido-Kürbis mit Koriander, Schafskäse und Thymian

1 mittelgroßer Hokkaido-Kürbis
150 g Schafskäse
2 TL gemahlener Koriander
1 Schuss hochwertiges Olivenöl
Thymianzweige
Salz

1 Kürbis schälen und in Spalten schneiden. Mit Olivenöl beträufeln, mit gemahlenem Koriander bestreuen und etwas salzen. Im Rohr bei 180 °C 20 Minuten backen.

2 Anschließend Schafskäse darüberrebeln und weitere 10 Minuten backen, bis der Käse schmilzt. Mit Thymianzweigen garnieren und heiß servieren.

TIPP *Mit getoastetem Vollkornbrot servieren!*

laktosefrei

Lauwarmer Dillsenf-Kürbis mit gedämpfter Lachsforelle

1 kg Butternusskürbis
6 TL Dijonsenf
4 TL Honig
1 Bund Dille
Olivenöl extra vergine
Salz
Pfeffer
2 Lachsforellenfilets
1 Bio-Zitrone

1 Den Kürbis schälen und in Würfel schneiden. 6 Minuten im Topf mit Dämpfeinsatz oder im Dampfgarer dämpfen.

2 Aus Dijonsenf, Honig, gehackter Dille, Olivenöl, Salz und Pfeffer eine Marinade rühren. Die Kürbiswürfel damit übergießen, durchrühren und etwas durchziehen lassen.

3 Die Lachsforelle in Stücke schneiden, mit Zitronensaft, Salz und Pfeffer würzen und im Dampfgarer oder im Topf über Wasserdampf 6 Minuten dämpfen (alternativ in Olivenöl kurz sautieren).

4 Die Lachsforellenstücke auf dem lauwarmen Dillsenf-Kürbis servieren.

glutenfrei / laktosefrei

Warmer Fenchelsalat mit Seeforelle, Zitrone und Oliven

2–3 Fenchelknollen
2 Seeforellenfilets
100 g Kalamataoliven
1 Bio-Zitrone
1 EL Fenchelsamen
Olivenöl extra vergine
Salz
Pfeffer aus der Mühle

1 Fenchel waschen und in Scheiben bzw. Streifen schneiden. Fischfilets in Stücke teilen und mit Salz, Pfeffer und Zitronensaft würzen.

2 Fenchelkörner in einer trockenen Pfanne trocken rösten, bis sie duften. Etwas Olivenöl hinzufügen und den geschnittenen Fenchel beifügen. Mehrmals durchrühren und so lange garen, bis der Fenchel gar, aber noch bissfest ist. Oliven untermischen und mit Zitronensaft, etwas Abrieb einer Zitronenschale, Salz und Pfeffer abschmecken.

3 Die Fischstücke in einer anderen Pfanne in etwas Olivenöl kurz garen und auf dem lauwarmen Fenchelsalat servieren.

TIPP

Wenn es einmal schnell gehen muss und kein frischer Fisch zur Hand ist, harmoniert dieses Gericht auch hervorragend mit Sardinen aus der Dose oder dem Glas. Diese am besten im Bioladen einkaufen und auf das Nachhaltigkeitssiegel (z. B. MSC) achten.

glutenfrei / laktosefrei

Bio-Lachsfilet auf sautiertem Chinakohlgemüse

4 Bio-Lachsfilets
1 Zitrone
Salz, Pfeffer

Für das Gemüse:
3 Schalotten
1 cm Ingwer
3 Knoblauchzehen
Olivenöl extra vergine
1 mittelgroßer Chinakohl
1 Handvoll geröstete Sesamkörner

1 Lachsfilets salzen und pfeffern, mit Zitrone beträufeln und in Olivenöl sanft braten.

2 Für das Gemüse den Chinakohl waschen, äußere Blätter und sehr dicke Teile des Strunks entfernen. Chinakohl in Streifen schneiden. Knoblauch, Ingwer und Schalotten schälen und alles fein hacken. Das Gemüse in Olivenöl ansautieren und mit Salz und Pfeffer abschmecken.

3 Die gebratenen Lachsfilets auf dem Chinakohlgemüse servieren. Nach Geschmack mit geröstetem Sesam bestreuen.

TIPP

Wenn Ihr Magen und Darm bereits sehr in Mitleidenschaft gezogen sind, sollten Sie das Filet lieber dämpfen als braten!

Bei Verstopfung und *Darm*trägheit

glutenfrei / vegetarisch

Spinatcremesuppe

300 g Blattspinat
150 g Zwiebeln
3 Knoblauchzehen
4 EL cremiges Joghurt
1 Prise Muskatnuss
1,5 l Gemüsesuppe
Salz, Pfeffer
Olivenöl extra vergine

1 Zwiebeln und Knoblauch schälen und fein hacken. Spinat waschen. Zwiebeln und Knoblauch in etwas Olivenöl ansautieren, Spinat beifügen und mit Suppe aufgießen.

2 Gemüse weich kochen lassen, pürieren und mit Muskat, Salz und Pfeffer abschmecken.

3 Mit einem Klecks Joghurt servieren.

glutenfrei / laktosefrei / vegan

Sauerkraut-Variationen

Karamellisiertes Paprikakraut

500 g Sauerkraut
2 Zwiebeln
1 mehlige Kartoffel (ca. 120 g)
4 EL Olivenöl
2 TL Rosenpaprika
2 EL Tomatenmark
2 Lorbeerblätter
1 TL gemahlener Kümmel
2 TL getrockneter Majoran
4 Wacholderkörner
2 EL Rohrohrzucker
Salz,
Pfeffer
250 ml Wasser
3 EL Olivenöl

1 Für das Paprikakraut Zwiebeln schälen und fein schneiden. Öl in einer Pfanne erhitzen und die Zwiebeln darin ansautieren. Zucker beifügen und karamellisieren lassen. Paprika und Kümmel dazugeben, gut durchrühren, Tomatenmark beifügen und kurz mitrösten.

2 Suppenwürze beimengen, mit Wasser aufgießen und kurz aufkochen lassen. Das Sauerkraut dazugeben und mit Majoran, Lorbeer, Wacholder, Salz und Pfeffer würzen.

3 Kartoffel schälen, fein reiben und unter das Kraut rühren. Anschließend auf kleinster Flamme rund 30–40 Minuten weichdämpfen.

glutenfrei / laktosefrei / vegan

Apfel-Curry-Kraut

500 g Sauerkraut
150 g Zwiebeln
300 g Äpfel
1 EL brauner Zucker
2 EL Bio-Suppenwürze
3 gehäufte TL süßes Currypulver
200 ml Wasser
Olivenöl extra vergine

1 Zwiebeln fein hacken, Äpfel schälen und in kleine Würfel schneiden. Zwiebeln in Olivenöl goldbraun rösten, Äpfel beifügen und etwas mitrösten. Zucker dazugeben und karamellisieren lassen.

2 Mit Curry und Suppenwürze würzen, anrösten und mit Wasser aufgießen. Kurz aufkochen lassen, Sauerkraut dazugeben und auf kleinster Flamme 30–40 Minuten weich dämpfen.

glutenfrei / vegetarisch

Knoblauch-Sauerkraut mit frischen Kräutern und Joghurt

150 g Zwiebeln
5 Knoblauchzehen
500 g Sauerkraut
2 Zweige frisches Bohnenkraut
1 Bund Schnittlauch
1 Bund Petersilie
2 Lorbeerblätter
1/2 TL gemahlener Kümmel
Salz
Pfeffer
150 ml cremiges Joghurt
Olivenöl extra vergine
150 ml Gemüsesuppe

1 Zwiebeln und Knoblauch schälen und klein schneiden. In Olivenöl ansautieren, Sauerkraut dazugeben und mit Suppe aufgießen.

2 Mit Lorbeer, Kümmel und Bohnenkrautzweigen aromatisieren und auf kleinster Flamme ca. 30–40 Minuten weich dünsten.

3 Kurz vor dem Anrichten gehackte Petersilie und Schnittlauch beifügen, Joghurt unterrühren und mit Salz und Pfeffer würzen.

glutenfrei / laktosefrei / vegan

Spinatsalat mit Sesam

400 g Spinat
4 EL Sesamöl
4 EL Tamari
1 Handvoll weißer Sesam

1 Spinat verlesen und dicke Stiele abschneiden. Im Topf mit Dampfeinsatz 1 Minute blanchieren.

2 Mit Sesamöl und Tamari marinieren und mit Sesam bestreut servieren.

Bei Durchfall

laktosefrei / vegan / histaminarm

Haferschleimsuppe

75 g Haferflocken
1 l Gemüsesuppe

1 Die Haferflocken in der Gemüsesuppe rund 25 Minuten kochen, bis eine schleimige Konsistenz entsteht. Heiß und langsam essen.

INFO

Hafer ist eines der nährstoffreichsten Getreide, die unsere Natur hervorbringt - es schont und kräftigt auch Magen und Darm. Die Liste seiner positiven Eigenschaften ist lang: Hafer ist ballaststoffreich, cholesterinsenkend, blutzuckerstabilisierend, antioxidativ sowie sehr mineralstoff- und vitaminreich.

glutenfrei / laktosefrei / vegan

Apfel-Rohkost

1 Apfel
für 1 Portion

1 Apfel schälen, fein raspeln und etwas stehen lassen, sodass der Apfel braun wird. Anschließend langsam und löffelweise essen. Gut kauen.

INFO

»An apple a day keeps the doctor away« – der Apfel gilt als Inbegriff und Symbol für gesunde Ernährung.
Achten Sie jedoch unbedingt darauf, nur Äpfel aus Bio-Landwirtschaft zu verzehren - Umweltschutzorganisationen warnen immer wieder vor hohen Schadstoffbelastungen in konventionell kultivierten Äpfeln. Diese gelten als jenes Obst, das am intensivsten mit Pestiziden behandelt wird!

glutenfrei / laktosefrei / vegan / histaminarm

Karottenmus mit Kümmel

500 g Karotten
3 EL Olivenöl extra vergine
1 TL Kümmel
Salz
Pfeffer

1 Karotten weich dämpfen und mit Olivenöl zu einem Mus pürieren.

2 Kümmel im Mörser grob zerkleinern und das Mus mit dem Kümmel, wenig Salz und Pfeffer würzen.

TIPP

Dieses Karottenmus ist bei Durchfall und flauem Magen ein hilfreiches Gericht. Mit Vollkorncrackern eignet es sich auch als schmackhafter Dip zum Aperitif oder als Beilage zu Fisch und Fleischgerichten.

*Darm*freundliche Desserts und süße Frühstücksideen

vegetarisch

Haferflockenmüsli mit Dörrpflaumen und Nüssen

150 g feinblättrige Haferflocken
280 ml Wasser
8 Dörrpflaumen
1 Handvoll Rosinen
10 Walnüsse
1 Prise Kardamom
1 Prise Zimt
2 EL Joghurt

1 Dörrpflaumen in kleine Stücke schneiden. Haferflocken mit den Rosinen und Dörrpflaumen über Nacht in Wasser einweichen.

2 Am nächsten Morgen kurz erwärmen, einen Klecks Joghurt einrühren und mit Kardamom und Zimt aromatisieren.

3 Nüsse hacken und in einer Pfanne kurz trocken rösten, bis sie duften. Das Müsli mit den Nüssen bestreuen und servieren.

TIPP *Aufgrund des hohen Fruchtzuckergehaltes in den Trockenfrüchten ist ein Süßen mit Zucker oder Honig nicht mehr nötig.*

glutenfrei / laktosefrei / vegetarisch

Omas Apfelmus

1 kg Äpfel
1 Zimtstange
5 Gewürznelken
3 Sternaniskapseln
1 Bio-Zitrone
20 g Mascobado-Zucker oder Rohrzucker
100 ml fruchtiger Weißwein
100–200 ml Wasser (je nach Dämpfmethode, Saftigkeit der Äpfel und gewünschter Konsistenz)

1 Äpfel schälen und schneiden. Gemeinsam mit den Gewürzen, dem Saft einer Bio-Zitrone und etwas Abrieb der Schale, Wasser und Wein rund 30 Minuten auf kleinster Flamme oder im Dampfgarer weich dämpfen.

2 Anschließend die Gewürze entfernen. Mit dem Stabmixer pürieren.

TIPP

Um das Mus einige Zeit haltbar zu machen, füllen Sie es in sterilisierte Einmachgläser, verschließen diese und kochen sie weitere 30–40 Minuten im Wasserbad im Backofen oder im Dampfgarer bei 100 °C ein. Wenn Sie das Mus kühl und dunkel lagern, haben Sie so rasch eine wertvolle Zwischenmahlzeit oder ein leichtes Dessert bei der Hand.

laktosefrei / vegetarisch

Wärmender Hafer-Apfel-Brei mit Gojibeeren und Mandeln

400 g Haferflocken
2 süße Äpfel
1 Handvoll Gojibeeren
1 TL Honig
2 EL Rosinen
1 Prise gemahlener Zimt
1 Prise gemahlene Gewürznelken
1 Prise Salz
heißes Wasser
1 Handvoll Mandelsplitter

1 Äpfel schälen und in kleine Würfel schneiden. Haferflocken und Gojibeeren mit kochendem Wasser aufgießen.

2 Rosinen, Äpfel, etwas Zimt und gemahlene Gewürznelken beifügen. Auf kleiner Flamme 5 Minuten dünsten. Immer wieder umrühren.

3 Nach Geschmack mit Honig süßen und mit gehackten Mandelsplittern bestreuen. Warm servieren.

INFO

Gojibeeren stammen aus China und sind in getrockneter Form erhältlich. Auch in heimischen Gärten werden sie in der Zwischenzeit erfolgreich kultiviert. Die Beere zählt zu den gesündesten Früchten der Welt und wird in der chinesischen Diätetik u. a. bei Blutarmut und Energielosigkeit therapeutisch eingesetzt.

glutenfrei / laktosefrei / vegetarisch

Vanille-Süßreis mit Rosinen und Äpfeln

250 g Vollkorn-Süßreis
375 ml Sojamilch
1 Handvoll Rosinen
1 Handvoll Walnüsse
Mark von 1 Vanilleschote
1 Prise Zimt
2 Äpfel
2 EL Honig

1 Den Süßreis mit Sojamilch und Vanillemark (ca. 50 Minuten, siehe Packungsbeilage) weich dämpfen. Kurz vor Ende der Garzeit Rosinen, Nüsse und in Würfel geschnittenen Apfel beifügen.

2 Mit Zimt und Honig abschmecken und warm servieren.

glutenfrei / laktosefrei / vegan

Weintrauben-Kompott

600 g Weintrauben
(verschiedene Sorten gemischt)
500 ml Wasser
1 Zimtstange
1 Muskatblüte
40 g Rosinen

1 Alle Zutaten in einen Topf geben und zum Kochen bringen. Auf kleiner Flamme ca. 5 Minuten köcheln und anschließend erkalten lassen.

TIPP

Kompotte sind leckere und leicht verdauliche Desserts und eignen sich perfekt als Snacks für zwischendurch. Sie stillen Hunger und Durst und kommen meist ganz ohne Industriezucker aus. Variieren Sie mit frischem und getrocknetem Obst und Gewürzen!